à Jean-Marie BECQ
qui un jour m'a suggéré
le terme d'« efficience ».

PLUS EFFICACE
ET
MOINS STRESSÉ

Jean-Pierre LEPELLETIER

PLUS EFFICACE ET MOINS STRESSÉ

LES ÉDITIONS D'ORGANISATION

AUX ÉDITIONS D'ORGANISATION

Pierre DUFOURMANTELLE
La dimension temps

Jacques DUMONT
Le temps personnel

Edgar GEFFROY et Lothar SEIWERT
Du temps en plus pour vendre plus :
200 conseils

Christine GUILLOUX et Joël F. NEROT
Le guide pratique de la gestion du temps

Pierre NICOLAS et Jérôme MORTEMARD de BOISSE
La gestion du temps
(Collection « Memento-EO »)

Marie-Louise PIERSON
L'image de soi : mode d'emploi

Lothar SEIWERT
Du temps pour l'essentiel
Maîtrisez votre temps

René-Jean SIMONET
La prise de notes intelligente

Jean-Claude SIRE
Lecture rapide : la méthode Flexivel

ISBN : 2-7081-1439-5

Sommaire

Introduction

Êtes-vous efficient ?

Nous avons osé l'anglicisme *efficience* et son dérivé *efficient* en espérant le réapproprier à notre langue : car avant d'être anglais il dérive du latin, et a derrière lui une longue tradition philosophique.

Un mot qui surgit ou réapparaît dans une langue comble un manque, celui d'un nouveau concept en train de se vivre. Ainsi « convivialité » réintroduit par Ivan Illich en 1973, parce qu'il répondait au besoin de traduire les rapports différents que vivaient les Hommes entre eux et/ou avec leurs machines, est à présent un mot courant.

Nous donnons à *efficience* un sens précis : c'est la façon dont une personne (ou un organisme en général) utilise ses ressources ou énergies intérieures et extérieures pour produire des effets tangibles, agréables et qui ont un sens pour elle. Ces trois critères permettent de dire d'une personne qu'elle est *efficiente.* (et pas seulement efficace).

Alors êtes-vous *efficient* ?

En fait, vous oscillez probablement entre des moments de tension ou de stress caractéristiques de notre ère post-industrielle et des moments de relâchement où vous vous sentez abattu et désorienté. Vous vous dites « je manque de temps », ou « je ne suis pas organisé » sans voir que vous subissez simplement vos choix antagonistes. Vu sous cet angle vous pouvez être efficace (atteindre vos objectifs) sans être *efficient* (sans jouir des résultats obtenus).

Vous est-il possible de vivre pleinement chaque instant de votre temps, de votre vie, avec enthousiasme et sérénité tout en produisant des résultats appréciables ? Pour ma part, j'ai commencé par la gestion du temps classique, qui est chez moi une démarche de près de vingt ans : j'en découvre chaque jour encore l'intérêt. Au fil des années, les erreurs que je continuais d'observer dans mon organisation du temps, devenaient des occasions de réfléchir aux raisons de ces écarts. Progressivement je pus bâtir cette approche globale, intégrant la gestion du temps.

L'idée de ce livre est de vous faire partager un ensemble de techniques et de méthodes dont l'aboutissement est inattendu : **l'équilibre.** Précisons que ce n'est pas un but en soi mais la résultante d'une démarche cohérente, surprenante et précise.

Pour cela, j'ai observé une série de conditions **nécessaires** (mais pas suffisantes) qui sont quelques techniques élargies de la gestion du temps. Elles doivent constituer la base de votre organisation du temps, au même titre que, pour écrire, il vaut mieux disposer d'une feuille et savoir se servir d'un crayon. Ce que l'on écrit est l'affaire de chacun.

Dans la rubrique des techniques, vous trouverez une boîte à outils minimale mais variée, car la variété est, en soi, une composante d'une bonne *efficience* :

- quelques tests pour faire le point ;
- la programmation de la journée, du mois, de l'année ;
- la gestion des situations typiques : travail personnel, réunions, téléphone, déplacements... ;
- la connaissance des biorythmes, les méthodes de relaxation ;
- les points clés de la délégation...

Toutes ces techniques ne vous sont pas nécessairement applicables : les meilleures seront celles qui viendront compléter votre outillage actuel et que vous sentirez vous correspondre bien.

Au delà, il y a des conditions **favorisantes**, c'est-à-dire des approches pour vous voir plus en profondeur, reconnaître vos *énergies*, orienter vos activités, voire votre vie. Dans ces rubriques vous trouverez :

- la connaissance de soi, de ses *énergies* ;
- la décision en souplesse ;
- les cycles d'action ;
- la définition de votre mission ;
- vos activités clés ;

- vos défis principaux ;
- une sensibilisation à votre « projet de vie ».

Alors, la vie devient finalement simple et passionnante et peu à peu vous en acquérez la maîtrise. Progressivement apparaît votre *efficience*, c'est-à-dire votre capacité à créer des effets positifs agréables avec un minimum de moyens et juste le temps qu'il faut.

Vous pouvez ainsi obtenir une **redoutable efficience** puisque vous savez (et sentez) où vous allez. Toutes vos ressources sont convergentes. Votre but n'est plus une abstraction lointaine ; vous le vivez en permanence et vos *énergies* vont spontanément dans le même sens. A chacun son style d'*efficience* : il peut être très différent d'une personne à l'autre. Le commun dénominateur c'est la capacité à vivre heureux.

L'EFFICACITÉ ?

Extrait du « Testament de M. PUMP »

Avec l'aimable autorisation des Editions CASTERMAN
(pour la suite, voir Annexes, p. 146).

0
Vers l'efficience

0.1. L'efficacité ou l'efficience ?

Lorsque vous entendez ces deux mots, vous avez quelques réactions spontanées. L'efficacité vous fait peut-être penser à rendement, à des notions quantitatives et d'une façon ou d'une autre à des résultats qui doivent pouvoir se mesurer immédiatement. *L'efficience,* à part sa connotation anglaise, évoque une notion qualitative et plus subtile, avec des résultats obtenus en souplesse, et des conséquences plus globales.

Mettons-nous d'accord sur les mots :

- L'efficacité est le rapport mathématique entre les résultats mesurables d'une action et les coûts (temps + argent) pour la mettre en œuvre. La mesure s'effectue par comparaison avec un objectif défini de l'extérieur.
  Par extension, l'efficacité concerne les différentes actions qu'entreprend une personne dans une période donnée.
- *L'efficience* est le rapport entre l'ensemble des effets produits par une personne (ou un organisme) et les *énergies* déployées pour les obtenir. Ces effets sont appréciés en relation avec un objectif défini de l'intérieur, et qui a bien un sens pour la personne.
  Le terme d'*énergie* est le plus général que l'on puisse trouver pour désigner aussi bien :
  - les coûts externes mesurables en temps, salaires, investissements ;
  - les prélèvements peu mesurables sur l'environnement, comme l'air et l'eau ou le climat relationnel (famille ou entreprise) ;

– les ressources intérieures uniquement qualitatives comme l'intelligence, la sensibilité, l'intuition, les connaissances ou la santé.

Un des effets qui apparaît dans une action *efficiente* est le **plaisir** ; c'est en même temps un indicateur fondamental : pas d'*efficience* sans plaisir. Par extension on peut parler de l'*efficience* d'un groupe, d'une entreprise[1].

En résumé, trois critères sont caractéristiques de l'*efficience* : les **résultats** (ou effets), le **plaisir** et le **sens.**

Pour nous une personne très efficace est rarement *efficiente* car elle s'intéresse au résultat concret avant tout, quels que soient les effets secondaires sur sa propre santé, le moral de ses collaborateurs ou l'équilibre de sa famille.

Les entreprises menées par un président efficace se caractérisent souvent par des méthodes de management tyranniques, des collaborateurs motivés principalement par la peur et un taux de rotation élevé. Leur avenir est incertain. Certaines institutions privées regorgent d'enfants dont les parents brillants ou efficaces, délèguent à d'autres le soin de s'occuper de leur progéniture nantie et mal aimée.

Une personne *efficiente,* n'a pas toujours les résultats attendus par la société, mais elle parvient à ses fins différemment. Une personne *efficiente* est attentive aux ressources qu'elle puise en elle-même et qu'elle combine avec celles de son environnement. A vrai dire, une personne *efficiente* estime avant tout ses propres ressources, la meilleure façon de les valoriser, et d'en faire bénéficier son environnement ; car elle a déjà expérimenté la joie particulière de laisser se manifester ses *énergies,* et ainsi de créer quelque chose de neuf qui servira aussi à d'autres.

Ceci se rapproche de la notion du « personnaliste » décrite par Maccobby en tant que motivation essentielle de l'évolution personnelle. Il n'y a rien là qui relève d'un quelconque idéalisme mais d'une simple constatation : ça marche mieux ainsi. Quelques chefs d'entreprise semblent clairement *efficients*. Plusieurs d'entre eux sont cités par Crozier dans *« l'Entreprise à l'écoute »*. Jacques Raiman, patron de GSI est l'un d'eux : sa réussite est due à son engagement personnel et à la responsabilisation de ses collègues, et au plaisir de tous.

1. Cette notion est cousine de l'efficience industrielle que l'on peut résumer par : la productivité plus la qualité.

Certains de nos clients répondent parfaitement à cette définition. Nos interlocuteurs sont le plus souvent des Directeurs de Ressources Humaines (DRH) ou Directeurs de Formation ; il est assez naturel, par l'orientation de leur profession, qu'ils aient découvert les vertus, voire la nécessité de l'*efficience*. Nous pouvons notamment citer Manuel Metsch, Directeur au Crédit Mutuel dans son livre qu'il cosigne *« Diriger Autrement »*[2] : « Etre dirigeant, le demeurer, sont des manifestations quotidiennes de la correspondance entre l'être, son rôle et sa fonction ».

On pourrait dire en paraphrasant Lénine : l'*efficience* c'est l'efficacité plus le plaisir conscient.

0.2. Pour voir où vous en êtes par rapport à l'efficience : un test pour mesurer votre efficience

Voici un test rapide ou plus exactement un autodiagnostic qui est utilisé de façon plus développée dans nos séminaires. Nous vous suggérons de vous placer dans votre contexte habituel, et en tenant compte de l'ensemble des situations que vous vivez (travail, famille...), au besoin en transposant à ce contexte personnel. Notez ce que vous faites réellement plutôt que ce qui vous paraît idéal, ne regardez pas la grille de dépouillement qui biaiserait vos réponses.

A chaque ligne, cochez d'une croix la colonne correspondant le mieux à la fréquence ou à l'intensité avec laquelle vous pratiquez l'action ou le comportement indiqué.

Amusez-vous bien et rendez-vous page 18.

2. En collaboration avec Romain Jacoud, Les Éditions d'Organisation, 1991.

AUTODIAGNOSTIC EFFICIENCE

	Oui toujours	Souvent	qq. fois ou raremt.	Non Jamais
1 - Le système D donne de bons résultats.				
2 - Mon système de management tient compte du fait que chaque homme est un cas particulier.				
3 - Je me donne régulièrement du temps pour faire le point avec moi-même.				
4 - Après tout, il n'y a que le résultat qui compte.				
5 - Le stress est un problème de la vie moderne, je le subis comme tout le monde.				
6 - Il existe des principes fondamentaux d'efficacité applicables en toutes circonstances.				
7 - Même mes temps de trajet sont bien utilisés.				
8 - Une décision que je sens bien est une bonne décision.				
9 - Je cherche à comprendre ce que j'ai à faire et pourquoi.				
10 - Un homme intelligent est capable de résoudre scientifiquement tous les problèmes.				
11 - Un système idéal est possible, il suffit de le vouloir.				
12 - J'ai le plus d'objectifs possibles à la fois.				
13 - Je m'arrête lorsque je commence à m'ennuyer ou à tourner en rond.				
14 - Je suis attentif à ne pas dépasser la dose de stress agréable.				
15 - J'investis mon temps prioritairement dans ce qui est essentiel.				
16 - J'applique telles quelles les procédures, même si elles me gênent.				
17 - Analyser les échecs ne sert à rien, ce qui compte c'est de les surmonter.				
18 - Rien ne vaut un système hiérarchique parfaitement établi.				

	Oui toujours	Souvent	qq. fois ou raremt.	Non Jamais
19 - J'essaie de voir comment les procédures peuvent m'aider.				
20 - Je tiens compte de mes rythmes personnels dans ma façon de travailler.				
21 - Je veille à ce que chacun comprenne et respecte l'esprit de sa mission.				
22 - J'attaque en priorité les urgences.				
23 - Pour faire marcher les gens, il suffit d'une rémunération motivante.				
24 - Je fais ce qu'on me demande, même si je ne comprends pas bien à quoi ça sert.				
25 - En m'éveillant je visualise mon emploi du temps et je l'adapte.				
26 - Je n'agis que si je suis motivé et que j'y trouve du plaisir.				
27 - J'entreprends en priorité ce qui s'intègre le mieux à mon « projet de vie. »				
28 - Lorsque mon plan est établi, je le respecte quoiqu'il arrive.				
29 - Plus le travail est difficile, plus je m'y acharne.				
30 - Pour moi déléguer revient principalement à modifier la définition de fonction d'un collaborateur.				
31 - Dans le cours de la journée je me débrouille avec les urgences.				
32 - Je m'accorde des stimulants et des récompenses à chaque étape, lorsque l'effort à fournir est de longue haleine.				
33 - Je m'interroge à chaque nouvelle activité ; est-ce important pour moi, pour ma société, ma famille ?				
34 - Un travail est avant tout un gagne-pain.				
35 - S'il le faut j'impose mes façons de voir.				
36 - J'ai de grandes ambitions et je saurai les satisfaire.				

GRILLE DE DÉPOUILLEMENT RÉSULTATS BRUTS

Notez dans la colonne points :
- 4 pour : *oui toujours*
- 3 pour : *souvent*
- 2 pour : *quelquefois ou rarement*
- 1 pour : *non jamais*

Faites le total à l'intérieur de chaque colonne R.M.S. puis totalisez l'ensemble des 3 colonnes. Vous obtiendrez deux résultats distincts E1 et E2.

R		M		S		ENSEMBLE
N°	Pts	N°	Pts	N°	Pts	
1		2		3		
7		8		9		
13		14		15		
19		20		21		
25		26		27		
31		32		33		
TOTAL		TOTAL		TOTAL		E1 =

4		5		6		
10		11		12		
16		17		18		
22		23		24		
28		29		30		
34		35		36		
TOTAL		TOTAL		TOTAL		E2 =

Au-delà de l'autodiagnostic, la vraie question est la suivante : **Etes-vous heureux ainsi ?**

Si *oui,* il n'y a rien à changer, votre lecture est terminée et vous avez économisé quelques heures. Bravo, je vous encourage personnellement à faire connaître votre expérience, votre réflexion, car les personnes heureuses sont rares.

Si *non,* ou *oui mais*... il y a sûrement quelque chose à faire. D'abord examiner les résultats. Vous constatez que vous obtenez deux scores E1 et E2 correspondant respectivement à l'*efficience* et à l'efficacité. C'est normal, et ceci dépend aussi bien de votre insertion professionnelle que de votre tempérament.

En poursuivant l'analyse vous constatez les différences entre les trois critères principaux :

R = Réalisation
M = Motivation
S = Sens (sensé)

Que signifient-ils ?

Réalisation : C'est tout ce qui est tangible, appréciable, ou mesurable. Un livre est tangible, une musique est appréciable, un résultat financier est mesurable.

- Note élevée en *efficience* signifie que vous obtenez des résultats en mettant l'énergie où il faut et en tenant compte des opportunités que vous offre votre milieu.
- Note élevée en efficacité signifie que vos résultats sont obtenus quoiqu'il en coûte en termes de santé, équilibre, relation avec les autres.

Motivation : Au sens large, nous regroupons dans cette notion, la motivation elle-même, l'enthousiasme, les sentiments, les valeurs, la détermination et la volonté - tout en étant conscient que cette dernière est plus un déclencheur de la motivation que sa manifestation.

- Note élevée en *efficience* : vous savez utiliser vos *énergies* psychiques au mieux, sans forcer, en tenant compte de vos rythmes, de vos goûts, des variations de votre *énergie.* Vous êtes attentif à éprouver du plaisir dans ce que vous faites.
- Note élevée en efficacité : vous êtes un volontaire ; quand la décision est prise, vous allez au charbon même avec un lumbago ; spécialiste des missions impossibles, vous trouvez votre safisfaction dans le devoir accompli, les délais respectés, les objectifs atteints. Vous êtes respecté mais craint.. On se demande à votre propos « Comment fait-il ? » Un conseil gratuit : allez voir votre médecin, demandez lui combien de temps vous résisterez avant l'infarctus (ou tout autre maladie grave).

Le Sens(é) : Ce mot est intéressant et ambigu puisqu'il désigne aussi bien nos cinq sens que l'orientation que nous prenons et la signification en soi. Nous avons ajoutons(é) pour marquer qu'il convient de le prendre dans ce dernier sens.

Savoir quel sens nous donnons à notre activité est quelque chose d'essentiel. Les personnes « sensées » savent où elles vont et généralement font leur chemin dans la vie. Inversement, celles qui ont perdu le sens, et parfois le bon-sens, se sentent désorientées, déboussolées.

- Note élevée en *efficience* : vous avez intégré la plupart de vos *énergies* les plus diverses. Vous avez un but, qui n'est pas forcément formalisé mais ressenti intérieurement. Votre travail est intéressant et plutôt sympathique parce qu'il vous nourrit et vous rapproche de votre but. Vos différents rôles sociaux et activités sont assez facilement intégrés et graduellement orientés vers ce but.
- Note élevée en efficacité : vous êtes quelqu'un qui veut arriver, à la limite de l'arriviste. Vous connaissez votre but de façon claire et vous êtes prêt à tout pour l'atteindre. Chaque moment de votre existence est employé utilement et la gestion du temps en tant que technique n'a plus guère de secret pour vous. Vous êtes promis, dit-on, à un brillant avenir. A quels prix ?

L'arène politique est remplie de ce type d'hommes et de femmes dont les ambitions sont tellement dévorantes qu'ils sont prêts à vendre leur âme au premier parti qui leur permettra l'ascension la plus rapide. Beaucoup de présidents et de cadres issus des grandes écoles épousent le même modèle. Le sens de leur activité est extérieur à eux, ils se projettent en avant et, une fois leur objectif atteint, ne pensent qu'à en chercher un autre plus ambitieux pour rester en dynamique.

Les prix à payer s'appellent : stress, maladies psychosomatiques, dépression, sans parler des désastres familiaux.

Pour avoir une vue d'ensemble, voici un deuxième calcul à faire pour cet autodiagnostic :

	Résultat	**Motivation**	**Sens(é)**	**Ensemble**
Total E1				
	Ajouter dans chaque colonne les points 1 et 2 correspondant à quelquefois / rarement, jamais du tableau E2			
+ E2 (1,2)	⊕	⊕	⊕	
	Soustraire dans chaque colonne les points 4 et 3 correspondant à toujours, souvent, du tableau E2			
– E2 (3,4)	⊖	⊖	⊖	
Efficience globale				

Vous pouvez même tirer un pourcentage, sachant que le maximum théorique E1 + E2 est de 108.

Vous êtes peut-être étonné de ce nouveau résultat, qui modifie votre première perception. Cette « *efficience globale* » signifie que vos atouts sont dans l'*efficience* E1, et dans un usage modéré de votre efficacité E2. Par exemple, dans certains contextes, il est pertinent de considérer que seul le résultat compte, à condition que ce soit une attitude peu fréquente. Au-delà ceci devient un excès et un handicap dans l'ensemble de votre vie, et notamment dans votre capacité à atteindre l'équilibre et à être heureux.

0.3. Que faire ?

Selon les résultats que vous obtenez, vous êtes en droit de vous poser des questions. Si vous n'êtes pas satisfait et que vous ne vous sentez pas généralement heureux, vous souhaitez changer quelque chose dans vos façons d'agir et d'être.

Que changer et par où commencer ? Voici quelques suggestions.

1 - *Maintenir ce qui est.* Cette proposition semble paradoxale ; elle est néanmoins fondamentale. Les attitudes et comportements que vous avez développés depuis des années ont leur raison d'être et contribuent à votre équilibre. Notamment ceux qui sous-tendent des notes fortes dans ce test, sont des richesses et des ressources qui ont leur utilité dans certains contextes. De plus, vouloir lutter contre certains comportements entraînerait inévitablement des effets secondaires parfois plus préjudiciables que le comportement lui-même.

Ainsi, à une période où il m'arrivait d'accompagner les représentants en clientèle, j'avais noté que l'un deux agitait constamment ses clés dans sa poche lorsqu'il parlait. Lorsque je le lui fis remarquer il nia la chose. Nous avions convenu que chez un prochain client, je me caresserais les cheveux s'il recommençait. Marché conclu. Chez le client suivant, à l'instant où il se mit à parler, le tintamarre recommença. Je me caressais les cheveux : il s'arrêta net de parler. Les anges volèrent silencieusement au raz des brochures publicitaires pendant que le client ébahi s'interrogeait sur le pourquoi de ce silence subit. Je racontais une blague, le représentant agita ses clés, et la vente reprit.

A part ce cas étonnant, nous connaissons tous ceux qui s'arrêtent de fumer « à force de volonté » et se mettent à grossir en faisant profiter de leur grogne tout leur entourage. Donc dans un premier temps, maintenons tels quels nos « vieux » fonctionnements.

2 - *Augmenter ce qui affleure.* Si un comportement est absent, il sera difficile de l'introduire arbitrairement. En revanche, la plupart des comportements existent à l'état latent dans certaines situations. Vous pouvez choisir de les étendre à d'autres situations précises.
Mais quel comportement allez-vous développer ? Trois critères peuvent vous guider :

- ce comportement vous paraît souhaitable socialement et psychologiquement ;
- il permet de rééquilibrer d'autres comportements excessifs ;
- vous ressentez que vous pouvez facilement l'intégrer, et vous avez envie de le faire.

Prenons un exemple :

Supposez que vous soyiez quelqu'un qui estime inutile d'analyser les échecs : vous avez 4 points en question 17 ; cela vous amène à réfléchir.

Il y a quelque chose de positif dans cette attitude puisqu'elle se traduit probablement par le sens des responsabilités et la volonté d'agir. « Diminuer » cette attitude pourrait vous conduire à surestimer les difficultés, voire à provoquer les échecs à cause de votre appréhension.

Comment pouvez-vous rééquiliber ceci ? En recherchant vos notes faibles en *efficience,* de préférence dans la même colonne. Vous trouverez peut-être que vous avez intérêt à :

- considérer chaque Homme comme un cas particulier ; et à être à l'écoute de vos collaborateurs pour comprendre leurs échecs ;
- observer vos réactions intimes quand vous prenez une décision (y a-t-il une petite voix qui vous dit que...) ;
- ou encore être attentif à vos différents niveaux de motivation (et de réticences), lorsque vous agissez.

3 - *Stimuler l'intégration.* « La vie aime la conscience que l'on a d'elle », disait un penseur ; sans conscience des choses, pas d'intégration ni de bonheur possible. Stimulons donc les prises de conscience, grâce à :

- des étapes de progression ;
- un rappel visuel ou auditif ;
- un travail d'ancrage (voir le paragraphe 4.5.) ;
- une récompense à chaque étape atteinte.

Vous pouvez également tenir un Plan d'Action Personnel et de progrès (P.A.P.) que vous reprenez régulièrement chaque semaine. Un modèle vous est proposé en fin de chapitre.

0.4. Les cinq clés de l'efficience

Bien que tout classement soit arbitraire, nous choisissons pour des raisons de commodité et de compréhension de les présenter sous cette forme, afin d'en distinguer les thèmes significatifs. L'ordre de classement est délibéré. L'expérience (celle de nos clients et la nôtre) nous montre que développer son *efficience* se construit comme un édifice en commençant par les fondations pour finir par le toît.

Les cinq clés correspondent au plan du livre, certaines font l'objet de deux chapitres. Nous les présentons rapidement.

1° Le temps

Il est la base de votre *efficience ;* c'est une ressource rare, irremplaçable même. Rien ne peut en effet recréer ou restituer les quelques minutes que vous venez de passer en commençant ce livre.

Nous abordons la maîtrise du temps par quelques techniques classiques qui constitueront les fondations de votre construction. Pour que celle-ci devienne cathédrale et non H.L.M. nous vous en donnerons un mode d'emploi particulier.

2° Les rythmes

Nous regroupons dans ce chapitre, un ensemble de facteurs et de moyens qui peuvent favoriser ou handicaper votre *efficience.* Ils ont comme caractéristique commune d'avoir un retentissement direct sur le corps. Nous les avons regroupés dans le chapitre « Entretenir son véhicule » pour souligner que notre corps est symboliquement le support de nos activités, de notre psyché et de notre esprit ; matériellement il nous permet de nous déplacer et d'aller vers notre but. (Le terme de véhicule est également employé dans ce sens dans les traditions orientales).

Nous pensons nécessaire d'observer nos rythmes, au sens large, comme une des conditions nécessaires d'un bon fonctionnement, et un indicateur de celui-ci. Pour reprendre l'image du véhicule, nos rythmes sont le nombre de tours-minute, la température de l'huile de notre automobile... « Qui veut aller loin ménage sa monture ».

3° La prise de décision

Le mot en soi semble clair. Son étymologie est du reste parlante : *décidere* c'est trancher.

Nous pensons qu'il n'y a rien à trancher et que les choix peuvent, en quelque sorte, se faire d'eux-mêmes, comme le fruit mûr se laisse cueillir. Faute d'autre mot disponible nous avons gardé décision et nous présentons cette approche dans le chapitre « Laisser les décisions se prendre ».

Une déclinaison de ces méthodes concerne les « cycles d'actions ». Il s'agit à la fois de comprendre comment se déroule nos actions et de devenir capable de les arrêter ou de les poursuivre jusqu'à leur achèvement. Il y a donc des séries de décisions à prendre dont le principal bénéfice est de simplifier sa vie, de nettoyer ses méninges. Nous les avons regroupées dans un chapitre spécial « Cultiver son jardin ».

4° Les autres méthodes

Pourquoi à ce stade ? parce qu'elles vont prendre toute leur valeur et qu'elles seront employées différemment après ce parcours. Nous avons retenu deux grandes approches :

- la délégation,
- la gestion des situations.

Leur point commun est de vous permettre de démultiplier vos efforts. Nous les avons abordées sous l'angle de l'*efficience* en retenant uniquement, en cours de chapitre, les cas critiques. Les détails de ces techniques font l'objet d'une partie des annexes.

5° Les finalités

Ce terme désigne plusieurs concepts qui traduisent chacun une projection de soi ou de ses activités dans l'avenir. Objectifs, but, mission, « projet de vie ».

La finalité de chacun de nous est la convergence de toutes nos *énergies* vers un but qui est notre expression de la vie.

Nous soulignons la distinction vitale entre un but extérieur à soi (généralement conditionné par notre enfance et notre milieu social) et un but qui se révèle de l'intérieur et qui est la manifestation la plus fidèle de l'ensemble de nos *énergies*. C'est ce que nous appelons « projet de vie ». Cette notion fait l'objet de deux chapitres distincts : « manifester ses énergies » et « créer sa vie ».

Ceux-ci sont les plus importants de l'ouvrage et ils en sont la finalité.

0.5. Votre exponentielle de l'efficience

Chaque facteur entraîne un certain degré d'*efficience,* que nous avons présenté avec des pourcentages. Ils n'ont d'autre vertu que de faire image, car hormis ce qui est mesurable, tout n'est qu'appréciable, donc subjectif.

Nous pouvons retenir que :

– ces facteurs ne peuvent donner tous leurs effets que si les précédents sont suffisamment maîtrisés ;
– qu'ils ont entre eux un effet synergique.

Nous commencerons par ce qui est simple et d'acquisition rapide, pour terminer par ce qui est subtil, complexe et d'un effet puissant.

LES 5 CLÉS DE L'EFFICIENCE

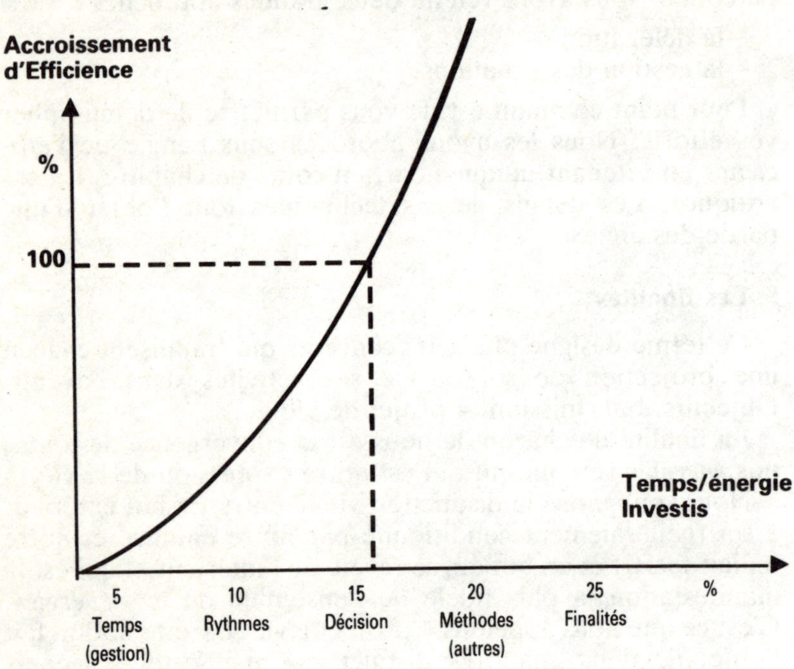

0.6. Vivre bien

En pratique il y a plusieurs « entrées » dans cette exponentielle ; autrement dit vous allez constater que l'une de ces clés est particulièrement importante pour vous. Nous vous suggérons de commencer à pratiquer ces techniques ou exercices tels que vous les découvrez au fil des pages, dans le mesure où vous sentez qu'ils vous sont utiles. A la fin de l'ouvrage un PAP récapitulatif vous permettra de faire le tri et de commencer la mise en œuvre réelle.

Lorsque vous commencerez effectivement à intégrer ces nouveaux comportements ou façons de penser, vous découvrirez, en vous, qu'il y a des réactions en boucle : la chaîne des effets secondaires conduira à renforcer ce nouveau comportement.

Exemple :

Vous adoptez la méthode A/B/C et vous constatez qu'elle vous fait gagner du temps, mais en plus que vous êtes plus décontracté, que votre stress diminue, que vous dormez mieux, et que votre style de management s'améliore ; et vous découvrez de nouvelles applications de la méthode A/B/C.

Ou bien vous essayez les styles de décision intuitifs et vous vous rendez compte que vous maîtrisez de mieux en mieux les prises de décisions, mais aussi que vos rapports familiaux s'améliorent : vous vous sentez plus tonique, plus spontané avec votre conjoint et vos enfants ; même les contours de votre projet de vie s'éclairent.

Plus vous devenez *efficient,* plus vous sentez la vie en vous, moins vous avez besoin de vos « médecines » anti-stress et plus cette aventure devient passionnante.

PLAN D'ACTION PERSONNEL ET DE PROGRÈS

Voici votre premier PAP. Il en figure un à la fin de chaque chapitre. Pour l'instant, contentez-vous de remplir la colonne des actions décidées – en fait, à ce stade – envisagées. La méthode est complétée au chapitre suivant.

PLAN D'ACTION PERSONNEL

A/B/C/ D/E (2)	ACTIONS DECIDEES (1)	MOYENS (3)	DATES DE	
			Début (4)	Bilan (5)

A noter dans l'agenda

1
Optimiser son temps

Voici la première clé. Même si une bonne gestion de votre temps ne vous fait gagner que 10 % de celui-ci, le gain est significatif et peut être utilisé pour faire plus de choses ou développer plus de conscience et de plaisir. Surtout, nous sommes persuadés qu'un **minimum** d'outillage technique est nécessaire, sinon vous aurez les plus grandes difficultés à traduire dans la réalité les motivations et intentions qui sont les vôtres.

Nous n'entrerons pas dans les détails et raffinements de ces techniques auxquelles sont consacrées d'excellents ouvrages, cités en bibliographie. En revanche, il nous a paru intéressant de montrer comment ces mêmes outils peuvent être utilisés et adaptés dans une optique différente.

1.1. Comment vivez-vous votre journée ?

Il y a les bonnes et les mauvaises journées. Observez attentivement les ingrédients d'une journée vécue pleinement, celle dont vous pouvez dire le soir « ah, c'était une bonne journée ! ». Vous allez énumérer plusieurs conditions, et peut-être des éléments qui semblent dus au hasard ou à une quelconque magie.

Vous pourrez les regrouper en trois catégories, correspondant aux trois facteurs d'*efficience* :

- sens(é).
- motivation.
- réalisation.

Appliqués à la journée, ils peuvent être précisés :

a) **Le sens** : il se traduit par des objectifs. Vous aviez une vue claire de ceux que vous vouliez atteindre et vous les aviez hiérarchisés (de façon formelle ou non).

b) **La motivation** : vous aviez envie de vous lancer dans les activités désignées par ces objectifs, elles correspondaient à votre rythme du moment ainsi qu'aux opportunités de votre environnement. Dès le début de la journée, vous avez senti que cette envie devenait détermination (le déclic qui met toutes les *énergies* en mouvement) et vous avez su alterner les activités et les pauses avec plaisir.

c) **La réalisation** : ce sont les activités, les choses à faire (rédiger un rapport, conduire une réunion, préparer le déjeuner). Vous avez vu les résultats que vous obteniez au fil de la journée et chaque fois ils étaient positifs, et vous encourageaient à poursuivre.

En résumé, pendant cette journée, vous êtiez *efficient*, et votre vécu était heureux.

On peut présenter de façon synthétique cette formule magique : « une journée réussie, c'est celle où je suis capable de vivre… ».

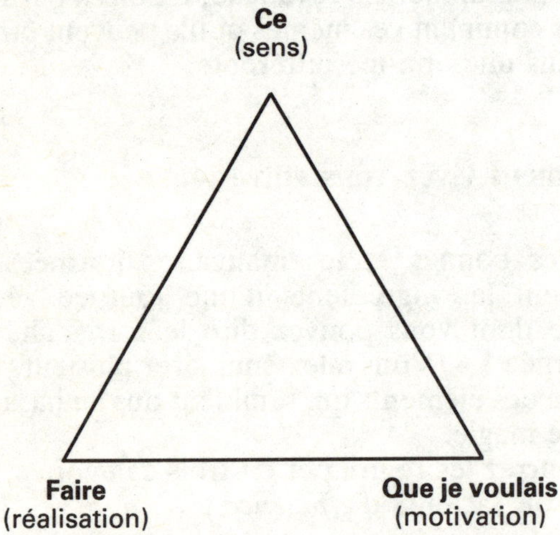

1.2. L'important, le plaisir, le délai (l'urgent)

Nous sommes partis d'une bonne journée ; c'est plus encourageant. Nos journées épouvantables sont également pleines d'enseignements. Les principales erreurs que vous observez sont le plus souvent de :

- *Commencer par ce qui paraît urgent* (le patron l'a demandé, c'était pour hier, c'est super-urgent...) sans même vous renseigner du délai réel. Le début de la journée est fait de tension et d'énervement. Le programme prévu est bousculé, et les heures qui suivent seront aussi faites de tension, d'énervement, de stress. La soirée est à la mesure du début. Pressé de rentrer chez vous, car il est tard, vous conduisez rapidement, vous voulez passer à un feu déjà bien mûr, mais l'imbécile qui vous précède freine... au moins votre élégant téléphone de voiture vous permettra d'avertir que vous aurez encore plus de retard que prévu !
- *Travailler à contre-cœur.* Vous avez accepté de préparer un projet sur les nouvelles perspectives dans les pays de l'Est. C'est à la mode ; on en parle beaucoup dans votre société et si vous faites une analyse brillante, ce sera excellent pour votre promotion. Malheureusement, pour des raisons qui relèvent de la psychanalyse, vous n'avez aucun goût pour ces pays et vous confondez encore l'Oural et le Danube. Vous n'en finissez pas de rassembler la documentation, de rencontrer des experts, de constituer des fiches. Mais tout ceci n'a aucun sens pour vous, et vous n'avez pas encore rédigé une ligne du projet de stratégie. Vous ne dormez plus, buvez trop et abusez des tranquillisants. Ceci a des répercussions sur le climat de votre service et votre secrétaire vient de tomber malade.
- *Oublier l'important.* Il y aussi les journées qui commencent en douceur. Vous revenez de déplacement, tout s'est bien passé. Vous êtes heureux de retrouver vos collègues, de bavarder avec votre secrétaire. Pour déblayer, vous annotez le courrier puis assistez à deux réunions qui ont un certain caractère d'urgence. Votre idée est de faire place nette pour attaquer le dossier d'investissement qui vous attend depuis deux semaines. Vers 18 heures, après avoir réglé ces multiples détails nécessaires, votre bureau est net,

mais vous avez un dîner d'affaires et il vous reste en pratique une demi-heure pour formuler votre avis sur les engagements de votre société dans les dix ans à venir ! Certes, vous vous lèverez de bonne heure demain matin pour y revenir plus en détail avant la réunion de synthèse.

Ces exemples, à peine caricaturaux, permettent de mettre en exergue trois critères pour optimiser votre temps.

1) **L'important** : Quelle est l'importance de l'activité envisagée pour la journée ? L'importance est reliée au sens et notamment au but ou aux objectifs que vous poursuivez. Le degré d'importance s'apprécie en fonction des conséquences et des résultats prévisibles de cette action une fois achevée. Une action très importante, vitale, est celle qui contribue positivement à l'atteinte de vos objectifs, une action secondaire a peu d'effet en ce sens. Si votre existence est relativement cohérente, une activité importante engendre nécessairement une certaine *joie*, voire une exaltation. Il convient donc de privilégier les activités importantes, même si la mise en route est difficile.

2) **Le plaisir** : Il est évidemment lié à la motivation, c'est la satisfaction instantanée. Nous regroupons sous ce vocable des émotions différentes comme la joie, l'enthousiasme, le plaisir lui-même, la jouissance. Les distinguer n'apporte ici rien de fondamental et nous parlerons le plus souvent de plaisir. Entre plusieurs activités importantes, il y a celles qui génèrent plus de plaisir que d'autres. Si vous les placez au début de votre journée, vous commencerez dans les meilleures conditions, et la dynamique suivra. A moins que vous préfériez les garder pour le dessert ? A vous d'examiner ce qui vous réussit le mieux. Ce qui compte est de *réintégrer le plaisir* dans votre vie.

3) **Le délai** : Il est directement lié au concret, au moment de la réalisation. Parler *d'urgence* est une enflure du langage aussi peu significative que « super » ou « génial », mais qui traduit bien la tension permanente dans laquelle travaille la plupart des personnes. C'est le dernier critère à considérer, à partir d'une information objective : « c'est pour quand, dans quel délai exact ? ».
Cette remarque est fondamentale en matière de gestion du temps et toutes les expériences sont concordantes : exami-

ner d'abord si l'activité est importante (si elle ne l'est pas, pourquoi s'en occuper ?), la colorer en termes de plaisir et enfin la fixer dans un délai.

1.3. La méthode A/B/C révisée (ou l'anti-stress)

Nous présentons ici une méthode qui peut paraître trop rationnelle aux intuitifs. Très performante, elle vaut la peine d'être essayée. Que les « cerveaux droits » se rassurent, ils en auront pour leur compte un peu plus loin.

Concernant le plan de journée, en voici le mode d'emploi précis.

PLAN DE JOURNÉE du :			
Tél.	code	FAIRE	tps
matin			
après-midi			
soir	notes	A	
		B	
		C	
		Total	
		FIN	

1.3.1. En fin de journée

Listez sur une fiche (par exemple le modèle page précédente), toutes les activités que vous vous proposez de faire le lendemain. Il convient d'y inclure les rendez-vous et de reporter, le cas échéant, ce que vous n'avez pas terminé ce jour.

1.3.2. Hiérarchisez ces activités

C'est-à-dire affectez-leur une pondération indiquant leur degré d'importance :

A : vital, capital
B : important
C : secondaire

et pour des raisons de commodité et de contrôle :

D : à déléguer
(E) : à évacuer, éliminer (corbeille à papier).

En pratique, le **(E)** ne sert jamais, sauf de filtre pour vous donner une garantie supplémentaire de ne pas vous encombrer inutilement. Si vous êtes trop méticuleux, voici une excellente question : « Et si je ne le fais pas, qu'est-ce qui se passe ? ». Si la réponse est « rien », alors éliminez.

1.3.3. Anticipez votre plaisir

Utilisez un signe particulier pour mettre en relief les activités qui vous motivent le plus et dont vous obtiendrez le plus de plaisir. Personnellement, je me contente de souligner la lettre-code **(A/B/C)** correspondante. Le matin au réveil, *ressentez* votre programme, voyez si vous l'assumez en totalité ou si vous voulez effectuer des changements ou reports.

1.3.4. Évaluez les budgets-temps

De retour à votre fiche, tâchez de vous représenter, en faisant appel à l'expérience ou au bon sens, combien de temps vous passerez à ces activités. Ajoutez une marge de sécurité pour *l'ensemble* de ces activités. Elle peut aller de 10 % dans des professions très routinières (comptable), à 70 % dans des métiers très dépendants de l'environnement (service après-vente). Cette marge vous permet de respirer, de faire face aux imprévus, de prendre le temps d'être présent à ce que vous faites, d'évacuer le stress.

1.3.5. Établissez une chronologie

Le principe est de commencer par des activités **A**, et de préférence par des $\underline{\mathbf{A}}$, c'est-à-dire celles qui vous procurent le plus de plaisir, pour continuer par les **B** et éventuellement les **C**. Nous pensons qu'il est bon, en accord avec vos rythmes personnels (voir chapitre 2) d'avoir une activité d'échauffement parmi les $\underline{\mathbf{B}}$, que nous désignons par $\underline{\mathbf{B}_0}$, parce qu'elle vous fait plaisir et que vous commencerez par elle.

Notez bien que ce n'est ni fainéanter ou vous disperser, mais commencer par une activité productive, importante et qui vous plaît. Toutefois, ceci vaut surtout pour ceux qui ont du mal à démarrer le matin.

Une fois en route, il vous sera aisé d'aborder les **A**. Pour moi le $\underline{\mathbf{B}_0}$ est généralement le téléphone. Si vous êtes « du matin », l'activité d'échauffement est inutile, le $\underline{\mathbf{A}}$ suffira. Au besoin, vous choisirez une partie du **A** plus facile afin d'être tout de suite en action. Il vous reste à donner un ordre à ces activités en fonction de leur délai d'achèvement souhaitable : $\underline{\mathbf{A1}}$, **A2**, puis **B1**, **B2**, **B3**... Ce sont vos priorités. Cochez au fur et à mesure chaque activité terminée, et accordez-vous, si besoin est, des récompenses (chapitre 2).

1.3.6. Sachez terminer

Nous utilisons également les codes α et β pour les activités à heure fixe, telles que réunions et rendez-vous. α est vital, capital, donc ne doit pas être différé, β est (seulement) important et peut, de ce fait, être reporté. Vous tenez compte des temps, trajets compris, de α et β dans votre programme. La totalité de cet exercice de programmation prend de dix à vingt minutes par jour. En pratique, vous avez donc une large majorité de **A** et **α** en matinée, les **B**, **β** et **C** en après-midi. Vous pouvez aussi décider que votre journée commence à midi. L'ordre des activités sera modifié en conséquence.

Ainsi vous pouvez estimer avec une grande fiabilité la fourchette horaire dans laquelle votre journée peut se terminer :

- **A** + **α** + la marge = fourchette basse
- en y ajoutant **B** + **β** + **C** = fourchette haute

Vous pouvez choisir de vous arrêter dès que les **A** sont terminés, les **B** pouvant attendre. Vos loisirs préférés ou vos enfants qui aimeraient tant vous montrer à leurs copains à la sortie de l'école, deviennent enfin compatibles avec votre métier.

En fin de journée, vous faites le point de ce qui reste à faire et, le cœur léger, vous le reportez sur la fiche du lendemain. Vous consacrez donc un quart d'heure quotidien à gagner une ou deux heures et beaucoup d'**efficience.** Chaque jour devient une bonne journée ou presque. Le stress devient un incident fortuit et anachronique. Et vous allégez, par la même occasion, le fardeau de la « sécu ».

1.4. Spécial « cerveau droit »[1]

Vous faites peut-être partie, comme mon épouse, des personnes qui disent « tout cela est très compliqué, c'est fait pour les technocrates, moi je me débrouille, mais ça je n'y arriverai jamais… » Ce qui suit vous est destiné, car l'important n'est pas la formalisation, mais que ça fonctionne. Voici l'approche proposée :

Le matin au lit, alors que vous êtes encore dans un demi-sommeil, vous vous représentez l'ensemble de votre journée. Puis vous essayez d'en repérer les principales activités. Parmi celles-ci, vous en percevez une particulièrement importante, que vous ressentez, visualisez ou conceptualisez selon votre

1. Cette expression désigne les personnes qui fonctionnent le plus souvent avec l'hémisphère droit, siège de l'intuition, des émotions et généralement de la pensée organique (voir chapitre 3).

canal privilégié (chapitre 5). Vous tentez de la laisser s'imposer d'elle-même en raison de son importance. Elle devient votre priorité. Peut-être pourrez-vous approfondir votre perception et situer l'activité prioritaire dans un moment de la journée selon vos rythmes. Sinon il suffit qu'elle soit présente à votre esprit.

Ainsi vous abordez votre journée en portant en vous une activité **A** et quelques autres sans étiquettes, que vous effectuerez à un moment ou à un autre, quand le cœur vous en dira, aujourd'hui ou demain. Peut-être ferez-vous une liste si vous sentez cela trop confus, ou pour vous rassurer.

Si vous pratiquez l'exercice chaque matin, avant de vous lever, moment favorable aux intuitifs et imaginatifs, vous parviendrez à organiser mentalement l'ensemble de la journée. Par rapport à la méthode **A/B/C**, il y aura quelques ratés, mais secondaires si vous êtes vigilant à intégrer l'activité la plus importante... et à la mettre en œuvre. Et même si vous déconcertez les « cerveaux gauches » par votre manière de fonctionner, vous arriverez à vos fins.

1.5. Corbeilles et autres outils

Voici quelques applications et développements intéressants de la méthode :

1.5.1. Les corbeilles

Vous pouvez répartir les travaux de la journée en trois corbeilles courriers **A/B/C**, ainsi que plusieurs corbeilles **D** destinées à ceux à qui vous confierez des délégations. Vous pouvez ajouter une corbeille « réaction », pour les dossiers **A** à délai court sur lesquels vous attendez des réponses. Enfin nous suggérons des corbeilles de pré-classement, une par type de dossier ou armoire de destination ; le classement final en sera accéléré.

L'intérêt de ces corbeilles est d'avoir un contrôle visuel immédiat : une bonne journée est celle qui se termine par une corbeille **A** vide, une corbeille **B** largement entamée, une corbeille **C** bien remplie. Cette dernière est à traiter une fois en fin de mois. Si vous avez fait une erreur d'évaluation quant à l'importance d'une activité notée **C**, quelqu'un se chargera bien de vous le rappeler.

1.5.2. Le programme hebdomadaire, mensuel ou trimestriel

Selon le même principe vous pouvez établir votre propre programme hebdomadaire ou mensuel en tenant compte des rythmes et procédures habituels de votre société. Étendu à l'ensemble de votre service ou département, il deviendra un véritable tableau de bord, permettant à tout le monde de savoir quels sont les nouveaux projets pris en charge par chacun (voir annexe).

Il est important de souligner que nous présentons ces outils dans un ordre d'acquisition andragogique (la pédagogie étant réservée aux enfants). Autrement dit nous vous conseillons de commencer par pratiquer régulièrement votre plan de journée ; lorsque ce sera entré dans vos habitudes, vous aborderez facilement les tableaux de bord bâtis avec les mêmes concepts.

Cette phase d'apprentissage une fois franchie, le processus le plus *efficient* consiste bien à :

- découvrir votre but/projet de vie personnel, et leur traduction en missions (dans le cadre professionnel ou privé),
- établir vos politiques à long terme et stratégie annuelle,
- les décliner en plans trimestriels ou mensuels,
- puis, les répercuter sur chaque plan de journée.

1.5.3. Quelques autres outils...

Citons pour mémoire des outils bien connus :

- *L'agenda ou planning annuel.* Nous vous recommandons un agenda unique dont vous avez la maîtrise ; il est complété par un agenda de bureau tenu par votre secrétaire qui a la charge de le mettre à jour (les rendez-vous qu'elle prend sont sous « réserve »).
  Quel que soit le modèle choisi, nous suggérons que votre plan de journée, et si possible votre plan mensuel y soient

insérés. Des modèles très sophistiqués et légèrement encombrants sont à présent diffusés largement.

- *L'agenda-matière* où vous pourrez noter, par thème ou interlocuteur, l'ordre du jour de vos réunions et les décisions prises.
- *Le mémo,* à avoir toujours sur vous, pour profiter des « émissions » de votre cerveau droit, ou tout simplement noter immédiatement un renseignement.

1.5.4. ...et deux « trucs »

Parmi les innombrables techniques propres à la gestion du temps, nous retenons deux « trucs », ou principes pratiques, qui contribueront notablement à soutenir votre *efficience* :

a) *Temps court/temps long.* Appréciez, au moment d'entreprendre une activité, si le laps de temps est suffisant pour la mener à bien. Si oui, vous pourrez mieux vous concentrer et profiter de ce temps ; si non, vous serez stressé et ferez des erreurs : reportez au plus proche moment disponible.

b) *Bouclage.* Nous développerons cette notion plus loin. Retenez simplement de terminer ce que vous avez commencé. Votre esprit sera plus libre et vous gagnerez beaucoup à rester en dynamique de ce que vous aviez commencé.

1.6. Vivre l'instant

En conclusion de cette partie quelque peu technique, nous voulons insister sur le fait qu'il s'agit d'outils au service de votre être et de votre bonheur. Bien employés, ils vous aideront à vivre pleinement l'instant, comme l'exprime en d'autres termes ce conte de Tolstoï, cité par Thich Nhat Hanh, que nous résumons.

Un empereur se posait depuis longtemps trois questions :

- quel est le meilleur moment pour chaque chose ?
- quelles sont les personnes les plus importantes dans tout travail ?
- quelle est la plus importante chose à faire à tout moment ?

N'ayant eu aucune réponse satisfaisante des experts en gestion du temps qu'il avait reçus, il s'en alla visiter un ermite en haut d'une montagne.

Celui-ci bêchait son jardin et ne répondit pas aux questions de l'empereur qui, finalement, prit la bêche pour l'aider durant de longues heures. Plus tard, un homme blessé vint s'écrouler à leurs pieds et l'empereur compatissant passa le reste de la journée à le soigner. L'inconnu avoua qu'il avait l'intention de tuer l'empereur à sa descente de la montagne, mais que, ne supportant plus cette attente, il commit une imprudence et fut surpris et blessé par la garde impériale.

Il implora pardon et jura qu'il consacrerait le reste de sa vie à servir l'empereur. Celui-ci accepta avec joie.

Le lendemain, le souverain ne voulut pas retourner à son palais sans connaître la réponse à ses trois questions. Il trouva l'ermite en train de semer des graines dans les plates-bandes bêchées la veille. Le vieil homme se leva et le regarda. « Mais vous avez déjà la réponse à ces questions ».

« Comment cela ? », dit l'empereur intrigué.

« Hier, si vous n'aviez pas eu pitié de mon âge et ne m'aviez aidé à retourner la terre, vous auriez été attaqué par cet homme à votre retour. Vous auriez alors profondément regretté de ne pas être resté avec moi. Par conséquent, le moment le plus important était de passer le temps à bêcher le jardin, la personne la plus importante était moi-même, et la chose la plus importante était de m'aider. Plus tard, lorsque l'homme blessé est arrivé, le moment le plus important était celui que vous avez passé à soigner la plaie, car si vous ne l'aviez pas fait, il serait mort et vous auriez raté l'occasion de vous réconcilier avec un ennemi. De la même façon, il était la personne la plus importante et soigner la blessure était la tâche la plus importante.

Rappelez-vous qu'il n'existe qu'un seul moment important, c'est maintenant. Cet instant présent est le seul moment sur lequel nous pouvons exercer notre maîtrise. La plus importante personne est toujours la personne avec qui vous êtes, celle qui est en face de vous, car qui sait si vous aurez affaire à quelqu'un d'autre dans le futur ? La tâche la plus importante est de rendre heureuse la personne qui est à vos côtés, car cela seul est la recherche de la vie ».

Et maintenant, votre P.A.P.

PLAN D'ACTION PERSONNEL

A/B/C/ D/E (2)	ACTIONS DECIDEES (1)	MOYENS (3)	DATES DE Début (4)	DATES DE Bilan (5)

A noter dans l'agenda

2
Entretenir son « véhicule »

2.1. Quel véhicule ?

Vehere, en latin, signifie transporter. Nous utilisons, à dessein, le terme de véhicule pour souligner que notre premier moyen de transport est notre corps. Ceci n'a de sens que si nous, êtres humains, pouvons nous regarder comme « un monde » formé de plusieurs parties distinctes et intimement associées.

L'Analyse Ternaire nous propose de l'Homme une représentation intéressante et riche de traditions :

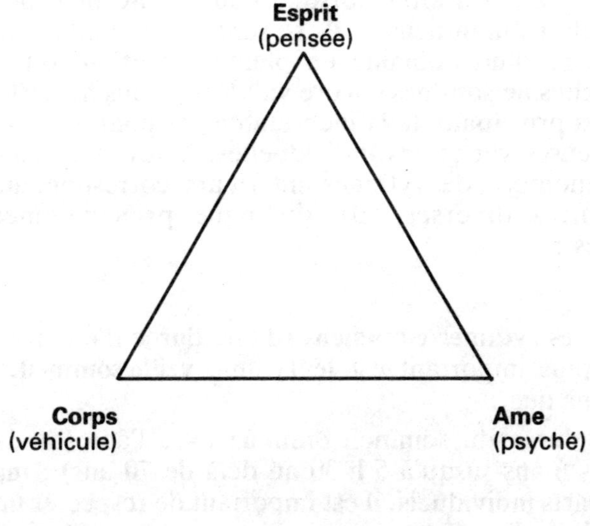

Depuis Freud, il est plus chic de parler de *psyché* et moins suspect de parler de *pensée,* mais ces termes sont équivalents. Dans cette optique, ce qui fait que nous sommes « animés » est également le principal moteur de notre véhicule, et on pourrait dire que l'esprit lui donne la direction. En fait, ces trois entités ont leur mot à dire et se manifestent de façon anormale lorsqu'elles ne sont pas entendues : l'esprit s'endort, l'âme se renferme ou se rebelle, le véhicule tombe en panne.

Au contraire, lorsqu'il y a dialogue et compréhension, tout ce monde va dans la même direction et l'être humain se sent harmonieux et équilibré. Nous allons donc examiner quelques éléments du livret d'entretien de votre corps-véhicule, en gardant à l'esprit que tout ce qui touche le corps réagit sur la psyché (nos sentiments, nos motivations...) puis sur l'esprit, et inversement.

2.2. Vos biorythmes

Nous reprenons le terme de biorythme parce qu'il est très descriptif. Par contre, nous n'utiliserons pas les concepts des trois rythmes physique, émotionnel, intellectuel qui sont à l'origine de l'expression biorythme, et sont fondés sur la date de naissance. En effet, lorsque nous les avons soumis à des vérifications minutieuses, ils se sont avérés fantaisistes.

Il s'agit d'un domaine en pleine évolution, où certaines recherches ne sont pas encore validées ; nous ne parlons donc que des principaux faits bien établis, et pourtant sujets à de nombreuses variations individuelles. Vous êtes soumis à un grand nombre de rythmes intérieurs correspondant à des fréquences diverses. On distingue principalement trois rythmes :

2.2.1. Les rythmes circadiens (d'une durée d'environ 24 h)

a) Le plus important est le rythme **veille/sommeil.** Remarquons que :

- la durée du sommeil diminue avec l'âge (de 11 h 30 à 5 - 6 ans jusqu'à 5 h 30 au delà de 70 ans) ; malgré les écarts individuels, il est important de respecter une durée minimale.

– La qualité du sommeil est primordiale en raison des sécrétions d'hormone de croissance (somatotrope) qui servent aussi, à tout âge, à la reconstitution des cellules. Les périodes de rêve, particulièrement en sommeil paradoxal, sont vitales : empêcher quelqu'un de rêver le rend fou.

– Votre forme au réveil dépend, en grande partie, du respect des **cycles de 90 minutes** en moyenne. Il convient de :
  - vous endormir en début de cycle, repérable par la sensation de froid et les bâillements,
  - de vous éveiller en fin de cycle (l'idéal est de s'éveiller naturellement, que l'on soit enfant ou adulte).

Concrètement, il convient de veiller à observer l'étendue exacte de votre cycle (90 ± quelques unités), et à faire en sorte que son sommeil en soit un multiple (ex : 5 × 90' = 7 h 1/2). Ainsi, il vaut mieux que vous dormiez six heures que sept, si votre cycle est exactement d'une heure et demie.

b) Un autre rythme important est le rythme **intellectuel :** on constate en moyenne un accroissement d'*efficience* depuis le début de la matinée jusque vers midi, puis une chute vers 13-14 heures (sans lien direct avec le repas), et une remontée à partir de 15 heures jusqu'à 19 heures où elle va diminuer à nouveau pour chuter vers 23 heures. Cette courbe est universelle, mais peut être décalée dans un sens ou dans l'autre selon que vous êtes « du matin » ou « du soir ».

Vous pouvez en tirer plusieurs conséquences pratiques :

- Commencez votre matinée par les activités d'échauffements (**B** : courrier, téléphone) afin de passer aux activités **A** qui demandent, en général, plus de concentration.
- Donnez-vous un temps de pause à midi (sieste ou **relaxation**), suivi de quelques activités **C** ou **B** si vous êtes en forme. (Nous présentons plus loin plusieurs méthodes de relaxation).
- Reprenez les activités **A**, s'il en reste vers 15 heures et poursuivez la journée avec les **B.**

Si vous tenez compte de ces rythmes, et si votre travail est à dominante intellectuelle, vous aurez l'impression de parcourir, avec votre véhicule, des étendues considérables et variées.

Le matin une montée que vous franchissez en douceur, puis une grande pente où vous roulez librement en vous jouant des obstacles et en passant des autoroutes aux nationales. Vous arrivez vers midi dans un paysage plus tourmenté, votre véhicule donne des signes de fatigue et fait des embardées. Refaites le plein (voir 2.5.) délassez-vous dans l'arborescence des **C** et reprenez progressivement votre route. Bon voyage.

2.2.2. Les rythmes ultradiens (inférieurs à 24 h) :

On retrouve toute la journée le cycle de 90 minutes qui correspond à une alternance d'activités cerveau gauche/ cerveau droit. Bien que ce rythme soit moins perceptible dans la journée qu'au cours de la nuit, il n'en est pas moins réel. La lassitude, l'autosabotage, la déconcentration sont des indices de changement de rythme.

Cet aspect intéressant conduit à faire une pause chaque heure 1/2 environ, et à varier les activités pour rester en forme. Si vous avez plusieurs **A** à réaliser la variété est là. Si c'est une seule activité **A,** décomposez-la en tâches faisant appel alternativement à l'intuition ou à la logique.

Pour les raisons précédentes (2.2.1.), évitez les réunions à 8 heures du matin comme à 14 heures. Fin de matinée ou d'après-midi est un bon moment. Le butoir du déjeuner accélère le processus, comme l'envie de terminer la journée. Dans tous les cas, une bonne réunion n'excède pas 1 heure 1/2. Si le sujet le nécessite, elle peut être de 3 heures avec une pause indispensable.

2.2.3. Les cycles infradiens ou circannuels (semaines, mois)

Ils sont multiples et encore mal étudiés. Sachons cependant que tous les rythmes auxquels chaque être vivant est assujetti sur terre (climatiques, météorologiques, électromagnétiques...) réagissent à la moindre variation d'un seul de leurs facteurs. Ainsi, l'homme subissant ces rythmes est d'une sensibilité extrême à son environnement. Ne le perçevant souvent pas, il se contente de le vivre en s'étonnant de ses incompréhensibles changements d'humeur. De façon pratitique, la sagesse populaire nous aide à mieux gérer quelques uns de ces rythmes :

- On est plus fatigable et vulnérable aux maladies en hiver. Il est donc indiqué pour vous, à cette période de l'année, de dormir plus longtemps et de renforcer les défenses de votre organisme ; de ce point de vue, homéopathie ou naturopathie ont à vous faire découvrir leur *efficience.*
- Il y a une relation entre la pleine lune et l'*énergie* globale. La lumière de lune fournit une énergie fort bien assimilée. Elle agit en catalysant certaines réactions par les « massages » prolongés qu'elle exerce. Dans la période de pleine lune, certaines personnes se sentent très « en forme », d'autres, plus réceptives, seront même excitées ; c'est le cas de beaucoup d'enfants.
- En revanche, malgré des coïncidences parfois troublantes, la notion de « jour critique » est contestable ; elle ne se vérifie que pour certaines femmes, au moment des règles.

2.3. Relaxation dynamique

Il y a au moins un moment dans la journée où vous sentez que vous manquez d'*énergie,* notamment intellectuelle.

Chez la plupart des gens, c'est après déjeuner, chez d'autres vers onze heures. Nous avons vu que ceci s'explique en grande partie par nos rythmes circadiens. Cela peut provenir également de nuits trop courtes ou (agréablement) agitées.

Nous vous proposons quelques techniques pour surmonter ces « coups de pompe ». Elles sont inspirées des travaux du Docteur Schultz et sensiblement adaptées.

2.3.1. Méthode standard

Elle présente le grand avantage de se pratiquer assis, ce qui vous permet d'en faire usage n'importe où, à condition de bien respecter les indications suivantes :

- choisissez de préférence un fauteuil où vous avez les cuisses à l'horizontale ;

– installez vous confortablement dans le fond, puis inclinez vous en avant en reposant les avant-bras près de la rotule des genoux ;
– laissez pendre l'avant-bras vers le sol, de sorte que le poids de celui-ci compense exactement le poids du buste ;
– la nuque est décontractée, les yeux fermés et vous vérifiez que l'ensemble tient tout seul, sans que vous ayez quoi que ce soit à contrôler. Sinon, rectifiez la position de l'avant-bras ou votre assise.

Toute l'astuce est là : vous devez pouvoir vous laisser aller sans avoir à contrôler votre équilibre. Ceci étant acquis, il vous suffit de vous répéter à chaque expiration : « Ma tête est lourde ». De fait, vous sentez votre front de plus en plus lourd qui vous attire vers le sol.

Vous allez alors parcourir une, deux, voire trois périodes d'assoupissement correspondant à la première phase de sommeil.

a) *Première période* : elle dure de 2 à 3 minutes. Vous sombrez, perdez connaissance quelques secondes, puis reprenez vos esprits.
Ressentez votre fatigue.
Si votre véhicule a encore besoin de repos, accordez lui un complément.

b) *Deuxième période* : celle-ci peut durer 4 à 7 minutes, et vous ferez le même parcours avec une perte de conscience plus longue.
Si votre véhicule a encore besoin de repos alors :

c) *Troisième période* : vous entamez la dernière période, d'une durée de 8 à 12 minutes environ, pendant laquelle vous allez dormir profondément et rêver. Puis vous revenez « à la surface » parce que la position devient inconfortable.

Il est temps de sortir de l'endormissement en vous redressant lentement, et en répétant « ma tête est légère ». Complétez au besoin cette régénération, par deux ou trois fortes inspirations par le haut de la poitrine. Massez vous la nuque, frottez vous le visage, laissez vous bailler : vous êtes à présent en pleine forme. Au bout de quelques jours de pratique, vous serez devenu expert de cette relaxation qui vous permettra de franchir en douceur les moments les plus difficiles.

Vous constaterez un mieux-être.

Sachez que chaque période de relaxation remplace un cycle de sommeil. Vous pourrez donc dormir quatre heures et demie par nuit, ce qui est le minimum supportable sur une longue durée. En faisant une relaxation normale (trois périodes) au cours de la journée, vous obtiendrez l'effet de quatre heures et demie supplémentaires.

Ceci est ponctuel. Si vous décidez de réduire au minimum et définitivement votre temps de sommeil, il vous faudra pratiquer deux fois par jour la relaxation sur une durée de vingt minutes environ.

Si vous vous contentez de gagner un cycle de sommeil (par exemple de dormir six heures au lieu de sept heures et demie) une relaxation standard sera suffisante. Les douleurs dans la nuque généralement ressenties après l'exercice, ne sont que l'expression de tensions en train de se réveiller et d'éclater comme une bulle à la surface de l'eau. C'est donc globalement excellent, à moins de problèmes de colonne vertébrale (voir ci-dessous).

2.3.2. Méthode simplifiée

Aussi bien pour les personnes sujettes aux douleurs dorsales que pour celles préférant une position moins voyante, voici une autre relaxation, correspondant à celle décrite par le Docteur Schultz sous le nom de « cocher de fiacre ».

Le départ est le même. Mais au lieu de poser l'avant-bras sur le genou, vous laisserez reposer les mains sur les cuisses, le dos étant appuyé contre le dossier. La tête s'incline légèrement jusqu'à la limite de résistance de la nuque ; puis vous répétez « ma tête est lourde »...

Vous observerez des périodes d'abandon plus courtes avec une brève perte de conscience. L'effet globale est moins puissant que ci-dessus. On peut donc être amené à répéter l'exercice plusieurs fois dans la journée.

L'une et l'autre méthode s'appliquent parfaitement à tous les métiers et à pratiquement toutes les situations. Par exemple, nous ne saurions trop les recommander pour les longs voyages en voiture. Une pause relaxation toutes les trois heures, ou mieux toutes les heures et demie si l'on roule la nuit, sera notre contribution significative au plan anti-accidents du Ministre des transports.

2.3.3. Sommes, siestes et roupillons

Vous savez de quoi il s'agit et il n'est pas nécessaire de développer le mode d'emploi, sauf sur trois points :

a) Un somme est supposé durer quelques minutes. Effectivement, vous n'en tirerez de bienfaits que si vous n'excédez pas vingt minutes.
Le somme se pratique le plus souvent allongé, mais aussi assis devant la table, la tête entre les bras croisés comme le font encore quelques paysans.

b) La durée idéale d'une sieste (ou roupillon) est d'une heure et demie, ou trois heures. Entre les deux, point de salut, vous vous relèverez totalement abruti.

c) Vous pouvez accélérer l'endormissement en vous répétant « ma tête est lourde » de même que faciliter le retour à l'éveil par « ma tête est légère ».

2.4. Décontraction éclair

La colère rentrée, les contrariétés, l'accumulation, des difficultés mal réglées sont sources de tensions physiques qui peuvent devenir douloureuses. Deux zones sont le plus souvent touchées :

– les trapèzes, muscles des épaules
– l'estomac et le plexus solaire.

A défaut de pouvoir décharger votre agressivité en tapant sur l'effigie de votre patron, en hurlant dans votre voiture, ou en allant fendre un stère de bois, voici deux techniques plus conviviales :

2.4.1. Décontraction des épaules

Vous remontez les épaules le plus haut possible au point que les muscles deviennent douloureux, puis vous relâchez d'un coup en expirant. Renouvelez trois ou quatre fois, alternez une épaule puis l'autre ou les deux à la fois.

Cet exercice se pratique assis ou debout. Vous noterez que ce geste est naturel chez un enfant que l'on vient de gronder.

Il hausse les épaules pour se débarrasser de cette tension... ce qui est socialement mal venu et familialement mal vu.

2.4.2. Massage du plexus

Cette technique fut enseignée aux parachutistes américains lors du débarquement de 1945, pour les aider à lutter contre la peur. Elle permet de régler ponctuellement les effets de contrariété, d'angoisse :

inspirez par le haut de la poitrine, puis effectuez un massage interne de l'estomac en utilisant quelques secondes la respiration du « petit chien » très rapide et localisée dans cette zone, puis expirez. Renouvelez l'exercice une ou deux fois.

2.4.3. Et plus en profondeur

Ce qui précède est un entraînement purement symptomatique. Son intérêt est de vous permettre de vous sentir mieux immédiatement et de pouvoir prendre du recul par rapport à une situation délicate.

Pour que l'effet soit durable, il vous faut examiner en profondeur ce qui se passe en vous : qu'est ce qui me gène, quelle est ma peur, mon appréhension, contre qui suis-je en colère exactement ? etc...

Nous y reviendrons à propos de la « prise de décision » au chapitre suivant.

2.5. Votre hygiène de vie

Nous souhaitons rappeler ici quelques principes relativement connus.

2.5.1. La circulation de l'énergie

Le sentiment de bien-être, de bonheur résulte d'une bonne circulation de *toutes* nos *énergies*. Cette notion est essentielle. Ramenée à l'hygiène de vie, elle peut se traduire de façon simple par un équilibre entre les « entrées » et les « sorties ».

2.5.2. Les « entrées »

Ce sont principalement l'air et la nourriture.

a) *La quantité d'air* : elle dépend de notre façon de respirer. La qualité dépend du lieu où nous vivons. Outre les analyses chimiques permettant de dire si l'air est pollué ou non, beaucoup d'autres éléments subtils entrent en jeu. L'air de la Beauce n'est pas celui des Vosges, et les effets ressentis sont très différents. A chacun de trouver sa région de prédilection.

b) *La nourriture.* Elle devrait être adaptée à votre morphologie et à votre métier. Comme vous avez probablement perdu l'instinct de ce qui vous est profitable ou nuisible, il vous sera peut-être utile de consulter un naturopathe.

Rappelons modestement quelques principes de bon-sens :

- limiter les protéines animales à un repas par jour, à moins que vous ayez un métier très physique ; et veiller à ne consommer qu'une protéine par repas (des œufs ou de la viande ou du poisson ou du fromage) ;
- boire peu pendant le repas, car ceci retarde la digestion et « donne de l'estomac » ; mais beaucoup en dehors (eau, thé, tisane). Notez que, très infusé, le thé n'est plus excitant car la théine est neutralisée par le tanin ;
- de l'alcool, oui mais en quantité raisonnable et pas mécaniquement à chaque repas. Il est également préférable de n'abuser d'aucun excitant (tabac, café) qui ne fait que vous doper artificiellement : à une période de surtension succède automatiquement une période de dépression.

Evidemment, il suffirait de manger à sa faim, sans plus, pour se bien porter.

Essayez de voir jusqu'où vous avez réellement besoin de manger.

c) *Les autres nourritures.* Comme le dit Arnaud Desjardins, « tout est nourriture ». Les relations avec les autres, les rencontres, la sexualité, la musique, la lecture... sont toutes des « nourritures » qui peuvent être grossières ou fines. A court terme elles agissent sur notre âme et notre esprit, à plus long terme elles se répercutent inévitablement sur notre véhicule.

Gurdjieff, cité par Ouspensky, précise : « Sans impressions un homme ne peut pas vivre un instant (...) Le flot des impressions qui nous viennent de l'extérieur est comme une courroie de transmission par laquelle nous est communiqué le mouvement (...) La nature nous transmet avec nos impressions l'énergie par laquelle nous vivons et nous mouvons, et avons notre être (...) Ainsi des trois sortes de nourritures (...) la plus importante ce sont nos impressions, bien qu'il soit évident que l'homme ne peut vivre longtemps d'impressions seulement ».

2.5.3. Les « sorties »

Nous éliminons par l'urine, les excréments, la respiration et la transpiration. Nous parlerons de ces deux derniers facteurs.

a) *La respiration :* la plupart des occidentaux respirent mal ou peu. Pour des raisons culturelles complexes, vous respirez probablement au niveau thoracique, ce qui entretient les tensions et l'agressivité. La respiration naturelle est basse, c'est celle du jeune enfant (jusqu'à trois-quatre ans) qui respire « par le ventre ».

Peu à peu, efforcez vous d'acquérir une respiration consciente, de plus en plus basse, par exemple en marchant, en conduisant ou lorsque vous êtes dans une salle d'attente. Vous ressentirez au bout d'un moment un bien-être très particulier dont nous reparlerons. Cette respiration basse développe l'endurance et la concentration.

b) *La transpiration :* une grand part de l'élimination des toxines se fait par la peau, à condition de transpirer.

Nous vous suggérons d'avoir **chaque jour** une activité régulière d'un quart d'heure au moins qui vous fasse transpirer et si possible respirer fortement.

Personnellement, je pratique le jogging tous les matins, quel que soit le lieu et avant tout autre chose. Même si le démarrage est pénible, les bienfaits que j'en tire sont suffisants pour me stimuler. C'est devenu un rituel, au même titre que de me laver les dents.

Vous avez à votre portée un grand nombre d'activités possibles : exercices à la maison, parcours de santé, cyclisme, jardinage... l'important est que celle choisie vous plaise et que vous la pratiquiez quotidiennement.

c) *Le Hara :* ce terme commence à être connu grâce aux ouvrages de Karl GRAF DÜRCKHEIM sur le Zen. Lors de ses séances d'introduction à Rütte[1], ce vieillard rayonnant était capable de résister à la force de jeunes costauds avec le sourire. Le but n'était nullement sportif, mais uniquement de démontrer expérimentalement la réalité du Hara. Celui-ci est le centre vital de l'homme. Selon la tradition Zen l'homme en contact avec son Hara bénéficie d'énergies cosmiques puissantes. Quelles que soient les explications, le Hara devient perceptible à la longue et confère à chacun une confiance intime en lui-même et une force réelle.

Pratiquer la respiration basse est pour vous un des plus sûrs moyens d'être en contact de votre Hara. Ajoutons que si votre Hara vous permet d'exprimer plus aisément votre force physique, il vous aide également à manifester vos autres *énergies* ; celles du cœur et de l'esprit : amour, génie, projets...

2.6. La sophrologie[2]

Le mot tire son origine du grec ancien : *sos* (harmonie), *phren* (esprit), et *logos* (science) ; littéralement elle est la science de l'harmonie de l'esprit. Son fondateur est le professeur Alfonso CAYCEDO dont le postulat de base est l'unité du corps et de l'esprit.

La conscience sophronique, développée par la pratique sophrologique, tend à établir un nouvel état de conscience permanent fait d'harmonie avec soi-même et avec le monde environnant. La sophrologie dispose d'un arsenal de techniques tant passives que dynamiques. Nous vous proposons ici une relaxation passive comme complément et remplacement de la relaxation dynamique proposée plus haut. Dans un premier moment nous décontracterons votre corps pour, dans un deuxième moment, vous apprendre à visualiser votre lieu

1. *Rütte* est un village au cœur de la Forêt Noire, un lieu magique où habitaient Graf Dürckheim, ses amis et « collègues » intervenants en Thérapie Initiatique. Aussi bien à Rütte même que dans plusieurs autres Centres en France, cette approche originale continue d'être diffusée.
2. Ce paragraphe et plus particulièrement l'exercice proposé sont dûs à Renaud Perronnet ami et collègue d'Équipe-Développement, que je remercie pour sa contribution.

idéal de relaxation, de tranquillité, de sécurité et de ressourcement.

Apprenez par cœur ce texte, ou mieux enregistrez le vous-même sur une cassette en ménageant des silences (comblés de préférence par votre musique relaxante favorite) et en parlant lentement.

Commencez par vous assurer que rien ni personne ne peut vous déranger pendant votre séance (de vingt minutes environ), débranchez votre téléphone, enfermez-vous dans une pièce confortable et allongez-vous sur le sol après avoir ôté chaussures, montre, boucles d'oreilles ou tout objet susceptible de vous gêner. Vous êtes étendu sur le dos, le corps parfaitement droit, les jambes parallèles, les bras le long du corps, paumes dirigées vers le haut, la tête est dans le prolongement du corps, le menton légèrement rentré. Top. Vous enclenchez votre lecteur de cassette, vous fermez doucement les paupières :

Maintenant, laissez-vous aller au calme et à l'immobilité... prenez conscience de la main droite : le pouce, deuxième doigt, troisième, quatrième et cinquième... Prenez conscience de la paume... du poignet... du coude... de l'épaule... l'aisselle... la taille à droite... la cuisse droite... le genou... le mollet... le talon... la plante du pied droit... gros orteil... deuxième... troisième... quatrième et cinquième.

Même chose à gauche...

Nous passons maintenant au dos. Prenez conscience de l'omoplate droite... omoplate gauche... fessier droit... fessier gauche... colonne vertébrale... tout le dos.

Nous passons à présent au sommet de la tête. Le sommet de la tête... le front... les deux tempes... sourcil droit... sourcil gauche... joue droite... joue gauche... le nez... le bout du nez... lèvre supérieure... lèvre inférieure... menton... gorge... poitrine droite... poitrine gauche... milieu de la poitrine... le plexus... le nombril... l'abdomen...

Toute la jambe droite... toute la jambe gauche... les deux jambes ensemble... le bras droit... le bras gauche... les deux bras ensemble... Tout le dos... les fessiers... la colonne vertébrale... les omoplates... le devant et le dos... ensemble... toute la tête... toute la tête... tout le corps... tout le corps... tout le corps...

Vous prenez conscience de l'ensemble de votre corps qui repose sur le sol... l'ensemble de votre corps... est là... dans cet état de calme... de relaxation... de tranquillité, vous allez imaginer, visualiser, votre écran mental, cet écran que vous laissez apparaître derrière votre front, derrière vos yeux clos... Et voici que vous découvrez un lieu d'une grande beauté... Cela peut être n'importe quel endroit qui vous plaise particulièrement : une prairie... le sommet d'une montagne... le cœur d'une forêt... le rivage d'un océan... cela peut être également une pièce d'habitation que vous affectionnez particulièrement... l'essentiel est que ce soit un lieu dans lequel vous vous sentez à l'aise, au calme, en paix...

Pénétrez l'atmosphère de ce lieu et pour cela, commencez à en jouir avec vos yeux… écarquillez votre regard… émerveillez-vous des couleurs… Puis ouvrez toutes grandes vos oreilles, écoutez le ressac de la mer, le vent souffler dans les feuilles ou la porte de la vieille armoire grincer… laissez chanter un oiseau dans votre tête… laissez s'éloigner l'écho dans le lointain… Peut-être maintenant vos narines frissonnent-elles du parfum d'une fleur… laissez les exhalaisons de votre lieu intérieur vous caresser les narines… ouvrez vos sens, imprégnez-vous de ce lieu magique parce que vôtre…

Enfin vous allez maintenant visualiser votre propre corps étendu au milieu de cet espace. Vous y voilà relaxé, offert, les paumes des mains dirigées vers le ciel, telles des antennes. Vous captez la force de ce lieu et vous vous en remplissez… sentez l'énergie vous remplir le corps… vous exultez de bien-être… Votre corps abandonné fait corps avec toutes les forces de paix de l'endroit… Profitez encore pendant quelques instants de ce moment intense… (long silence)

… Et puis lentement, progressivement, vous allez revenir à l'état d'éveil… Reprenez conscience de la position de votre corps sur le sol… reprenez conscience de votre respiration… puis… petit à petit… amplifiez-là. Tournez votre conscience vers l'extérieur et laissez bouger votre corps en commençant par les extrémités… laissez bouger les orteils… les doigts… les muscles du visage… la langue à l'intérieur de votre bouche… avalez votre salive et… quand vous le voudrez… prenez une profonde inspiration, étirez-vous, ramenez les genoux sur la poitrine, roulez sur le côté droit et là… ouvrez les yeux… tout doucement.

Vous connaissez désormais votre sanctuaire intérieur privé, vous savez que vous pouvez vous y rendre à volonté… rien qu'en fermant les yeux. Il ne tient qu'à vous d'y être créatif et de profiter de ce lieu de ressourcement. Vous pourrez y venir chaque fois que vous voulez vous remettre en forme ou que vous souhaitez examiner un problème tranquillement, notamment en laissant vos *énergies* dialoguer entre elles (voir chapitres 3 et 6). L'abus de visualisation ne présente aucun danger.

2.7. Les plaisirs du stress

C'est le titre d'un livre canadien qui m'a beaucoup intrigué à l'époque où je l'ai lu. L'idée est simple et juste. Le stress est la réaction vitale d'un organisme face aux stimulations de l'environnement : pas de stress, pas de vie. La question est de savoir quelle est la juste dose de stress.

Il existe des échelles permettant de savoir quel est votre niveau de stress. Leur intérêt est de contribuer à une prise de conscience des risques que vous encourez en vous soumettant à trop de stress. C'est pourquoi nous vous en proposons une en annexe.

Mais, avant tout, trois points nous semblent importants à saisir :

2.7.1. Le plus grand dommage est celui qui résulte d'un stress non choisi

Vous vous retrouvez dans un embouteillage et vous allez être en retard, le fisc effectue un contrôle, votre maison vient d'être cambriolée, etc... dans ces cas observez que votre stress est une énergie dont vous ne savez que faire, que vous subissez et qui vous brûle de l'intérieur. Dans certains cas, vous allez l'expulser tant bien que mal par la colère, la grogne ou un sport quelconque.

Vous pouvez aussi choisir d'accepter cette réalité qui se présente et d'en rechercher immédiatement le côté **positif.** Il n'est alors plus subi mais choisi. Reprenons l'un de ces exemples en examinant comment vous pouvez choisir cette situation et la positiver.

Vous êtes dans un embouteillage. Vous vous dites simplement « Bon, je suis ici », et vous respirez profondément. « Oui, c'est bien moi qui ai choisi de prendre la voiture ». Soudain vous ressentez que les hordes d'injures destinées à l'univers entier disparaissent et que vous êtes effectivement installé dans votre voiture immobile.

Quant à positiver ? Cela paraît difficile ; cependant nombreux sont les avantages de la situation. C'est l'heure d'une excellente émission à la radio que vous avez rarement l'occasion d'écouter ; c'est le moment de profiter de la respiration basse, voire de vous relaxer.

Vous pouvez aussi reprendre le dossier, objet de votre rendez-vous, prendre le temps de l'intégrer en vous ; et puis si votre interlocuteur s'impatiente, vous serez en position de force ; vous allez peut-être vous arrêter à la plus proche cabine et transformer cette rencontre en rendez-vous téléphonique ; ou bien vous réalisez soudain que vous n'êtes pas vraiment motivé par ce rendez-vous qui est prématuré...

Il y a des côtés positifs à toute situation. Recherchez-les pour « construire avec ».

2.7.2. Choisir votre stress signifie deux choses principales :

1° Vous vous sentez responsable de ce qui vous arrive. En fait, avant même l'événement vous « savez » que cela peut arriver et vous en assumez à l'avance les **conséquences** éventuelles. Si vous teniez à tout prix à être à l'heure, il fallait partir en avance, ou choisir un autre moyen de transport que la voiture[1] ; si vous vouliez être à l'abri du fisc, il fallait être un modeste salarié ou avoir une comptabilité irréprochable ; si vous ne vouliez pas être cambriolé, vous deviez rester chez vous. Cela paraît absurde, et effectivement avec ce genre de raisonnement, on en arriverait à ne plus rien faire.

2° L'important est de prendre conscience que chacun de vos actes entraîne des conséquences que vous pouvez prévoir ou pressentir : « je prends la voiture parce que j'aime écouter de la musique, **et je prends le risque** d'un certain retard... ». A ce moment là, le risque est choisi et accepté à l'avance et le stress négatif disparaît.

2.7.3. De façon générale

Ce que nous développons dans cet ouvrage est **l'antidote absolu au stress.** Si vous ressentez profondément les buts et objectifs que vous poursuivez, ils sont par définition choisis. Les risques qu'ils comportent engendrent un stress agréable grâce au plaisir qu'ils vous procurent.

En cas de dépassement, réexaminez si vos projets sont cohérents avec vous-même.

2.8. Être en dynamique

Mettre en route et intégrer certains des changements proposés demande de la méthode et une forte détermination. Sachez qu'un nouveau comportement ne sera complètement vôtre qu'après vingt et un jours de pratique quotidienne, temps nécessaire à l'intégration. A ce propos, nous vous faisons quelques suggestions opérationnelles :

1. L'auteur circule de préférence à moto lorsque les autres moyens de transport ne sont pas assez sûrs ou efficaces (rapport entre les autres activités possibles pendant le temps de déplacement et le temps lui-même). C'est aussi un plaisir, donc efficient.

- Au cours de votre P.A.P., choisissez judicieusement ce que vous « sentez » bien. N'opérez qu'un seul changement à la fois ;
- notamment, soyez plus attentif à votre propre andragogie : « que vais-je pouvoir appliquer le plus facilement et agréablement ? » ;
- quand votre décision « s'est prise », renforcez-la par une pensée positive le soir en vous endormant, ou le matin en demi-sommeil, par l'incorporation à vos rituels habituels, par des rappels visuels ou auditifs.

Joyeuse dynamique ! Et remplissez votre P.A.P.

PLAN D'ACTION PERSONNEL

A/B/C/ D/E (2)	ACTIONS DECIDEES (1)	MOYENS (3)	DATES DE Début (4)	DATES DE Bilan (5)

A noter dans l'agenda

3
Laisser les décisions « se prendre »

Vous avez remarqué que certaines décisions sont faciles à prendre. D'autres, au contraire, vous posent d'énormes problèmes : un jour vous êtes décidé à agir dans un sens, le lendemain dans un autre. Vous êtes indécis ; lorsque cet état se prolonge, il devient extrêmement frustrant et même angoissant. Quelle en est la cause ?

Elle est, en partie, reliée à l'importance de la décision, donc des conséquences qu'elle entraîne. Il est clair qu'une décision « **A** » crée un stress particulier, car cela risque de coûter cher, si vous vous trompez.

Mais cela n'explique pas tout. En fait, vous avez probablement passé un temps disproportionné à des décisions d'ordre « **C** », dont la futilité vous était évidente : c'est comme si vous aviez passé une heure à choisir une cravate au lieu d'étudier un dossier de toute première importance qu'ensuite vous bâclez en quelques minutes. Cet exemple ne s'applique peut-être pas à vous, mais d'autres vous sont certainement venus à l'esprit qui vous concernent directement.

Car il est devenu banal de constater que, dans de nombreuses entreprises, des décisions « **A** », essentielles pour leur survie ou leur développement, sont prises à la va-vite, au dernier moment et sous la pression des événements. Vous reconnaissez-vous dans ce style de décision ? Prenons le cas où vous êtes décideur. Vous venez de prendre une décision « **A** ». Au moment où vous la preniez, vous avez pu ressentir l'une ou l'autre de ces impressions :

- ou bien vous étiez angoissé et comme prisonnier de la situation que vous aviez créée ;
- ou bien vous vous sentiez soulagé et serein.

Dans le premier cas, selon toutes probabilités, votre décision n'était pas celle qu'il fallait prendre ; dans le second cas, c'était la bonne. Du reste, il vous est déjà arrivé de prendre une décision « **A** » en quelques instants, une décision capitale pour votre entreprise et pour vous-même. A votre surprise, vous avez constaté que cette décision était évidente, ancrée en vous, qu'elle se maintenait au fil du temps... et s'avérait positive.

Tâchons de comprendre les différents facteurs en jeu, pour mieux nous en servir.

3.1. La pensée mécanique, la pensée organique

Nous reprenons ici, en la simplifiant, la distinction faite par le psychologue Carl Jung, entre la pensée mécanique et la pensée organique.

La pensée mécanique est linéaire, conceptuelle, basée sur des faits objectifs et mesurables ; elle est à la base des méthodes enseignées dans les écoles et répertoriées dans les manuels de procédure. La pensée mécanique met en jeu principalement le cerveau gauche, moteur de notre main droite (chez les droitiers). Ce type de pensée a été extrêmement valorisé depuis deux à trois siècles et on en attribue généralement la paternité à Descartes. Actuellement 90 % de l'activité des pays développés est articulée sur la pensée mécanique ; elle atteint 99 % dans la plupart des concours d'entrée des *grandes écoles*.

Par exemple, la construction d'une voiture nécessite des études de marché, la conception d'un prototype, la planification des chaînes de montage, celle du lancement, l'établissement des normes et des cahiers des charges, des analyses de rentabilité... La part intuitive dans ces processus semble bien faible. Et pourtant...

La pensée organique quant à elle, correspond à une perception holistique, autrement dit globale, qui met en jeu l'intuition, les émotions, les sentiments, l'imagination, la créativité. Ces qualités sont peu prisées dans notre société, sauf chez quelques cas particuliers, peintres, musiciens, artistes ou comédiens. Les femmes, pense-t-on, disposent plus naturellement de ce style de pensée que les hommes. Ce n'est probablement pas pour des raisons biologiques, mais plus sûrement en raison des traditions culturelles. Inversement, les hommes ne sont nullement dépourvus de ce style, lié aux activités du cerveau droit, mais rien ne les incite à le cultiver.

Il est intéressant de remarquer que si nous observons l'origine des grandes inventions, des découvertes qui ont façonné le contexte matériel de notre civilisation, nous remarquons que la plupart d'entre elles sont nées d'une intuition, surgie d'une observation ou d'une association d'idées : la pomme de Newton, le balancement des candélabres de Pise vus par Galilée, les curieux champignons d'Alexander Fleming devenus pénicilline ; dans le spectaculaire, l'idée d'une énorme bombe ronde née à l'occasion d'un spectacle de cabaret (fait relaté dans le film « *Les briseurs de barrages* ») ; ou encore les bandes *Velcro* inventées en observant simplement les graines qui s'accrochent aux vêtements dans les champs...

Songeons enfin que le coq au vin et la tarte des demoiselles Tatin sont le fruit d'erreurs que l'intuition, donc la pensée organique, a transformées en coup de génie.

Par conséquent, ces deux types de pensée ne s'excluent pas l'un l'autre. Ils sont complémentaires. Les utiliser conjointement est indispensable pour atteindre à l'*efficience globale.*

L'hypertrophie mécaniste est évidente dans nos pays développés. Toutefois, la pensée organique reste à notre disposition à tout instant, et nous nous en servons, presque à notre insu. Vous ne semblez pas convaincu. Alors prenons un exemple qui met en jeu l'importance de ce que l'on appelle la « première impression ».

Vous êtes dans votre bureau, détendu et réceptif ; vous attendez un visiteur. Celui-ci entre. Il suscite immédiatement une impression, plutôt mauvaise. Puisque vous êtes attentif, vous faites des hypothèses sur ses principaux traits de personnalité.

Or ce visiteur est un candidat pour un poste à pourvoir. Aussi vous plongez-vous dans son dossier, fort bien fait, complété par des analyses diverses ; et la rationalité recouvre la première impression. Le dossier est concluant et, l'embauche a lieu.

Plus tard, un premier incident survient, dont le nouveau venu est responsable. Vous repensez alors à votre première impression, un peu tard pour la bonne marche de l'entreprise...

Une suggestion : faites confiance à vos premières impressions et gardez ces « clichés » en mémoire, ils pourront vous resservir un jour.

En conclusion, reconnaissez en vous ces deux types de pensée complémentaires. Si vous êtes plutôt « mécanique », poursuivez avec votre logique et vos outils rationnels sans occulter l'apport de vos impressions et de votre intuition. Si vous êtes plutôt « organique », continuez à faire confiance à votre intuition et à vos sentiments et confirmez-les par les outils d'analyse. C'est ce que nous allons faire dans ce qui suit.

3.2. Les approches intuitives de la décision

Dans les manuels de *gestion du temps*, on privilégie généralement les approches rationnelles. Nous pensons quant à nous que l'on gagne beaucoup de temps en faisant d'abord confiance à sa pensée organique.

3.2.1. Bien poser la question

Les espagnols disent qu'un problème bien posé est à moitié résolu. En effet, la première chose à savoir c'est ce qu'il y a à décider. Décider signifie faire un choix entre plusieurs options. La pensée organique aide à bien poser le problème en repérant dans une situation d'ensemble ce qui ne va pas ou pourrait être amélioré. Par exemple :

J'ai décidé d'écrire ce livre parce que je sentais que j'avais des choses originales à transmettre. De plus, c'était favorable à l'image de notre société. Si je m'étais livré à une investigation détaillée de tout ce qui existe déjà dans ce domaine, je n'aurais sans doute jamais rien écrit.

Il est ensuite utile de revenir à la pensée mécanique pour cerner exactement les options et la mise en pratique.

3.2.2. L'intuition immédiate

C'est un pléonasme : l'intuition est, par nature, sans média. Nous désignons par « intuition » ce qui est appelé généralement le flair, la première impression, l'éclair (insight)... différents de l'imagination qui, elle, se réfère au passé.

En l'état des connaissances, l'intuition c'est mystérieux, mais « ça marche ». Les scientifiques ne savent pas plus ce qu'est la lumière, mais tout le monde s'en sert. De la même façon, pour développer son intuition, la première condition est d'y croire, la deuxième est de s'en servir. Exercez-vous d'abord sur des décisions de faible importance et comparez ensuite avec ce que donnerait une méthode rationnelle.

Lorsque l'intuition est redevenue une faculté parfaitement opérante, elle rend d'immenses services pour tout ce qui n'est pas entièrement mesurable : choisir ses collaborateurs, l'emplacement de ses bureaux, le style d'un nouveau produit, une campagne publicitaire, ses sous-traitants et même une politique à long terme. Une saine intuition apportera évidemment une aide substantielle aux prises de décision de la vie privée : choix du conjoint, de la maison, de l'école, de l'orientation des enfants... Le grand avantage de l'intuition est d'aller droit au but. L'inconvénient est que beaucoup d'aspects pratiques peuvent échapper. C'est pourquoi le mode d'emploi pratique que nous recommandons pour accompagner l'intuition est de :

a) bien repérer ce que « dit » l'intuition ;
b) vérifier de façon précise avec des méthodes rationnelles pour confirmer ou infirmer l'intuition ;
c) valider la décision finale (cf. 4.5).

Le temps fait partie des aspects qui peuvent échapper à l'intuition : une intuition peut être bonne en soi, mais décalée par rappport à la période où elle se situe. La bonne décision pourra, par exemple, être de différer le plan d'action. (« il est urgent d'attendre »)

3.2.3. L'écart-orientation

Certaines décisions sont d'une telle complexité qu'en faire l'analyse préalable coûterait plus cher que les bénéfices potentiels qui en sont issus.

Par exemple :

On vous propose un voyage d'étude au Japon. Une place vient de se libérer et vous avez jusqu'au lendemain pour donner votre réponse. Que faites-vous ?

Si vous suivez notre proposition :

- « Que dit mon intuition ? Le Japon c'est intéressant, il y a plein de choses à découvrir, les bonzaïs me passionnent ».
- « Quel est l'écart par rapport à mon orientation, en l'occurrence ma mission ?
  Oui, c'est bien dans mon domaine puisque je dois intervenir sur un programme Qualité où les japonais ont quelques longueurs d'avance »
  Pas d'hésitation.
- Maintenant, vérifiez que vous pouvez matériellement repousser de huit jours ou déléguer les activités que vous aviez programmées pour la semaine à venir ; et le lendemain, validez ! (cf. 4.5)

3.2.4. L'écologie intime

Certaines décisions peuvent vous plonger dans un état étrange vu de l'extérieur, mais qui, vécu de l'intérieur, est extrêmement pénible. Ce sont des situations qui mettent en jeu tellement d'éléments en apparence contradictoires que vous vous sentez incapable de prendre une saine décision. Si cet état se prolonge, il peut entraîner des manifestations somatiques graves, dont la dépression est un des effets les plus courants.

Pour ces décisions conflictuelles, nous proposons une méthode « d'écologie intime ». *Oikos* est la maison ou demeure en grec. L'écologie est, selon le *Petit Robert*, « l'étude des milieux où vivent et se reproduisent les êtres vivants ainsi que les rapports de ces êtres avec leur milieu ». Ainsi, l'écologie intime est l'étude de nos *énergies,* de leur rapport entre elles et avec cette « demeure » qui est nous-même.

La méthode est la suivante : commencez par repérer les *énergies* qui se manifestent en vous à propos de cette décision et nommez-les : *volonté, angoisse, désir, agacement, domination, mépris, rigueur, devoir*... Ce ne sont pas des mots mais des réalités précises en vous.

Le repérage peut être facilité en écrivant ce qui se passe en vous. Une fois cette liste établie et les *energies* bien identifiées, vous fermez les yeux et les réunissez dans un espace intérieur. Ce peut-être une table de réunion ou une clairière dans la forêt, selon votre imaginaire. Puis donnez-leur la parole à tour de rôle :

« Que dit la volonté ? réponse : Il faut y aller ; si on devait toujours s'écouter, où irait-on ? Le sens du devoir, ça existe ».

« Que dit l'angoisse ? réponse : c'est terrible, je ne sais pas où l'on va, c'est l'inconnu le plus total, les risques sont énormes et il peut arriver n'importe quoi ».

« Que dit le désir ? réponse : j'aimerais bien aller en ce sens parce qu'il y a quelque chose de jouissif dans cette nouvelle expérience ; après tout la vie c'est le changement ». Etc...

Au bout d'un moment ou après plusieurs séances, les *énergies* dialoguent entre elles au lieu de chercher chacune à réaliser un putsch et à vous embarquer avec. Un consensus intervient lorsqu'elles ont trouvé *un sens* qui va devenir commun à toutes et les fédérer. Ce sens peut prendre l'allure d'un nouveau concept qui se dégage du dialogue et oriente la décision.

Si l'exercice intérieur est trop exigeant, vous pouvez l'adapter selon l'approche de la Gestalt, avec l'aide d'un ami ou d'un thérapeute : disposez autour de vous autant de coussins qu'il y a d'*énergies*, et donnez-leur la parole alternativement en « étant » vous-même chaque *énergie*.

Cette approche écologique, délirante à première vue, donne des résultats puissants et crée un espace de sérénité intérieure très appréciable.

3.2.5. Le Yi-King

L'excellent ouvrage de Guy Damian-Knight, remet à l'honneur une approche considérée comme ésotérique. Cet art divinatoire chinois recèle des trésors de logique et de finesse étonnants. Le mode d'emploi en est simple, puisqu'il suffit de trois pièces de monnaie qui, jetées six fois, vont nous permettre d'obtenir symboliquement un hexagrame. Au total 64 thèmes donnent lieu à des développements, décrits comme : jugement, modalité spécifique, ambiance, idée-type et bases de décision.

Rationnellement, cet art relève d'une abominable superstition. Constatons simplement qu'après des centaines de princes chinois, de grands chefs d'entreprise l'utilisent en secret. Rien ne remplace l'expérimentation. Le Yi-King est particulièrement utile dans les situations les plus confuses, en dernier recours. Ayant eu, à plusieurs reprises dans ma vie, l'occasion de m'en servir, j'adresse toute ma reconnaissance à Lao-Tseu et Confucius, ses promoteurs.

Un exemple :

Je dois prendre une décision concernant l'achat d'une ferme en montagne, en tant que résidence secondaire dans un premier temps ; l'ensemble de ma famille est enthousiaste et ne voit que les avantages. A part des aspects financiers secondaires, je balance entre le oui et le non, exprime des réserves, allonge la liste des inconvénients (l'entretien, la distance, les dégradations, les difficultés d'accès, les travaux...).

Pourtant, nous nous sommes engagés par des arrhes et il s'agit maintenant de concrétiser l'achat ou non.

Le Yi-King consulté me répond par deux hexagrames :

1) dans le présent : le 44 « venir à la rencontre » où je relève certains mots qui résonnent en moi, tels que :
   - attention aux personnes à qui je fais confiance,
   - être bien informé des effets de mes décisions,
   - une force négative (qui est moi-même),
   - le jugement créatif... et crucial pour le long terme.

2) dans l'avenir, le 13 « la communauté avec les hommes », où je relève :
   - l'effet de la coopération doit être bénéfique pour tous,
   - les personnes concernées adhèrent à des valeurs élevées,
   - un objectif national est préférable à un plus vaste.

Ces différents mots me renvoient à des aspects nouveaux ou sous estimés et m'incitent à regarder davantage le moyen et le long terme dans lesquels s'inscrit cet achat, sans sous-estimer les difficultés pratiques qui devront être réglées... rationnellement.

« J'achète ». C'est le déclic après la lecture de ces pages. Puis vient une réflexion plus méthodique : parler à chacun de ceux qui sont concernés, dans ma famille et parmi mes amis, afin que les effets de la décision soient clairement assumés par tous.

3.3. Les méthodes rationnelles de décision

Elles sont largement développées dans de nombreux ouvrages de management classiques. Elles atteignent un summum dans les méthodes Kepner Tregoe. Nous les passons en revue de façon synthétique, renvoyant en annexe pour quelques applications.

3.3.1. Quelques techniques

Elles sont articulées sur cinq principes, pris séparément ou combinés.

1. *Le changement de niveau* : aider à regarder de nouvelles solutions à un problème ou l'examiner sous d'autres angles ; par exemple, obtenir les points de vue de différentes personnes.
2. *L'analyse stratégique* : utile pour toute action susceptible d'entraîner de fortes réactions en retour ; par exemple, un lancement de produit.
3. *Le bilan* : c'est ce que fait naturellement toute personne qui cherche à rationaliser un choix ; il suffit de faire l'inventaire des critères, de les pondérer, et d'affecter une note.
   Derrière la rationalité se cache la subjectivité des critères. C'est du reste un des intérêts de la méthode que de mettre en exergue les préférences inconscientes. Nous en donnons un exemple en annexe à propos du choix entre plusieurs candidats.
4. *La liste de contrôle (check-list)* est une simplification de la précédente, utile pour toute procédure de décision répétitive (vérification d'une machine, préparation d'une réunion, réapprovisionnement...).
5. *La simulation* : dérivée de l'analyse stratégique, permet d'examiner l'évolution dans le temps des conséquences d'une décision, de préférence par un logiciel ou un jeu d'entreprise.

Notre suggestion est d'appliquer au moins une de ces méthodes pour valider votre quasi-décision intuitive.

3.3.2. Les modalités de décision

La façon dont vous vous décidez a une influence sur le contenu de la décision, et plus encore sur les sous-produits, notamment le climat relationnel. Nous faisons allusion, particulièrement, au degré de participation plus ou moins grand accordé à ceux concernés par les résultats de la décision.

Napoléon, qui parlait en connaisseur, disait : « Une bonne décision doit se prendre en groupe, en nombre impair de préférence, cela va plus vite ».
« Mais, ajoutait-il aussitôt, trois c'est déjà beaucoup ». Depuis lors, quelques progrès notables ont été réalisés en la matière, entre autre ce qui suit.

a) Référentiel

Nous nous référons aux travaux de Vroom repris par plusieurs auteurs cités en bibliographie. La méthode suppose de poser très exactement les bonnes questions concernant les trois séries de facteurs :

I. La « technicité » de la décision ;
II. Le besoin d'information complémentaire ;
III. L'utilité de faire participer les personnes concernées par la décision.

b) Est-ce-utile ?

Si vous êtes un cerveau gauche, vous serez séduit par cette méthode rationnelle qui deviendra votre guide dans la décision et le management participatif. Si vous êtes un cerveau droit, vous aurez une répugnance instinctive à l'égard d'une démarche aussi abstraite et vous serez tenté de « jeter le bébé avec l'eau du bain ».

Pratiquement, dans tout processus de décisions, nous vous suggérons d'intégrer quelques nouvelles questions, en vous centrant sur la participation de votre entourage (professionnel ou familial) :

1° est-il nécessaire que les personnes concernées **adhèrent** à cette décision ?
2° les mêmes personnes doivent-elles nécessairement **s'impliquer,** c'est-à-dire y mettre du cœur pour la faire vivre ?
3° sont-elles capables de **servir** les intérêts collectifs ?
4° sont-elles en **cohésion** ou, au contraire, en rivalité entre elles ?

Tenant compte de cela, vous serez amené à varier votre style de décision (seul, en consultation ou en groupe) en fonction des réalités.

3.4. Sentir la décision

3.4.1. Une anecdote

Il y a quelques années, en tant que responsable des Etudes des Brasseries Kronenbourg, j'avais participé à la mise au point d'une étiquette rajeunie pour la bière export. L'agence de publicité avait fait un travail remarquable. Notre équipe marketing se montrait particulièrement satisfaite.

Vient la réunion avec le président Jérôme Hatt, descendant en droite ligne des fondateurs de 1664. La présentation se déroule avec un cérémonial très au point : présentation des ébauches, sélection finale de 3 maquettes, résultats des tests de reconnaissance favorisant nettement notre étiquette préférée.

Le Président réfléchit un moment, un long moment, puis assène : « Je ne le sens pas ». Suit un échange mouvementé où les arguments abondent. Jérôme Hatt reprend : « Je ne le sens pas ».

L'ancienne étiquette fut donc maintenue. Révolté sur le moment, je trouvai la décision capricieuse et arbitraire. Aujourd'hui, je raisonne différemment. Etant donné l'importance stratégique de cette étiquette, l'opération ne pouvait réussir que si le Président la « sentait ».

3.4.2. L'aide de l'Analyse Transactionnelle

A présent très répandue, cette méthode d'analyse développée par le docteur Eric Berne dans les années 50 va nous aider dans bien des cas. Rappelons les concepts de base :

Toute personne dispose de 3 « états de l'Ego » qui sont

Ⓟ **Le Parent :** ensemble des enregistrements des expériences passées.

Ⓐ **L'Adulte :** capacité d'analyse des faits objectifs et psychologiques, et recherche des solutions.

Ⓔ **L'Enfant :** Source des émotions, sentiments et intuitions.

Si vous vous regardez sous cet angle, vous allez pouvoir *valider* votre prise de décision, autrement dit vérifier qu'elle est solide et que vous avez de bonnes chances de vous y tenir.

3.4.3. Le contrôle P.E.A.

Quelles que soient les méthodes et modalités que vous avez utilisées précédemment, le contrôle PEA consiste à poser les trois questions suivantes dans l'ordre :

Ⓟ Suis-je en charge de ?

Ⓔ En ai-je envie ?

Ⓐ En ai-je les moyens ?

Faites l'expérience. Choisissez une situation à problème, une question sur laquelle vous avez pratiquement fait votre choix, une quasi-décision.

Voila, c'est fait ?

Alors... examinons tout cela ensemble...

Suis-je en charge de ?

C'est-à-dire, est-ce bien à moi de prendre la décision ? Est-ce que cela pourrait relever des attributions d'un autre service, ou bien entrer dans les fonctions d'un collaborateur ?

OUI ou NON ?

En ai-je l'envie, ou le désir ? C'est la question-clé. Prenez le temps d'examiner et de ressentir ce qui se passe en vous.

Est-ce bien un oui clair et affirmé, ou bien un oui maussade, conditionnel ou restrictif ? La moindre réticence équivaut à Non.

Alors est-ce OUI ou NON ?

En ai-je les moyens ? Il s'agit souvent d'une question prétexte, aussi la place-t-on en dernier. Si vraiment c'est à vous de décider et que vous en avez un réel désir, vous en trouverez les moyens... un jour ou l'autre. Mais l'inventaire est important :

En ai-je les moyens en :

- matériel,
- finances,
- hommes,
- temps...

OUI ou NON ?

Maintenant, faites le compte :

Deux NON : c'est un faux problème ou une mauvaise décision : ne la prenez pas.

Un NON : ça ne va pas bien fonctionner non plus et vous serez rattrapé par les faits. Dans ce cas, reposez-vous la question correspondant au Non. Si par exemple, vous avez répondu :

« Non je n'en ai pas envie, d'ailleurs cela m'angoisse ».

Reposez-vous les trois questions sous la forme :

« Que faudrait-il pour que je sois en charge d'en avoir envie ? »

La question est étrange, mais la réponse parfois surprenante, par exemple :

« Quelqu'un d'autre pourrait-il m'aider à désirer cette solution ? »

puis :

« Que faudrait-il pour que j'ai envie d'en avoir envie ? »

autrement dit :

« Comment puis-je me motiver ? »

et enfin

« Que faudrait-il pour que j'ai les moyens d'en avoir envie ? »

Avez-vous fait l'expérience ? Avez-vous trouvé de nouvelles pistes ? C'est clairement une démarche destinée à vous remotiver. Si vous obtenez toujours un NON, reposez le problème jusqu'à ce qu'il devienne soluble.

Lorsque vous aurez obtenu trois OUI clairs et sans ambiguïté, vous aurez validé votre décision : qui est probablement une bonne décision. Enfin, donnez-nous une chance supplémentaire : le temps de « sentir ».

3.4.4. Se donner le temps de sentir

« Sentir » peut en réalité être perçu de diverses façons selon votre canal de communication dominant, comme nous le verrons plus loin en détail :

- si vous êtes un *visuel,* « sentir » sera visualiser la réalisation de votre décision (« je vois le résultat ») ;
- si vous êtes un *auditif,* « sentir » sera entendre en vous des mots qui viendront qualifier votre décision (« c'est parfait ») ;
- si vous êtes un *kinesthésique,* « sentir » sera percevoir les émotions et les réactions de votre corps, voire les parfums que cela exhale (« ça ne sent pas bon »).

Ceci étant, le contrôle P.E.A. est d'une grande fiabilité, à condition que vous soyez attentif à vos voix intérieures. Si vous avez des doutes à cet égard, demandez à l'un de vos proches ou collègues en qui vous avez confiance de vous servir de miroir. L'exercice est le même, mais cette fois l'autre va vous renvoyer les impressions qu'il a de vos réponses. S'il écoute aussi la « musique » de vos mots ou observe vos mimiques, il vous dira exactement où vous en êtes. Une condition toutefois : qu'il ne soit pas impliqué lui-même dans la décision !

Le P.E.A. a un effet d'accélérateur qui sera d'autant plus net que vous aurez le recul du temps. Laissez mûrir votre quasi-décision en lui faisant passer de temps en temps ce contrôle. Lorsque vous serez devenu très familier de ce processus, vous n'aurez même plus à verbaliser les questions : elles se poseront d'elles-mêmes. Vous aurez alors la perception que la décision « s'est prise » d'elle-même.

Lorsque vous « sentez bien » une décision, elle a toutes les chances d'être positive. En effet de nouvelles *énergies* vont apparaître en vous qui se résument en un mot : la détermination. C'est tout votre être qui vibre pour réaliser et mettre en œuvre la décision. Votre entourage le sent bien d'ailleurs. C'est ainsi que vous gagnerez.

Remplissez votre P.A.P.

PLAN D'ACTION PERSONNEL

A/B/C/ D/E (2)	ACTIONS DECIDEES (1)	MOYENS (3)	DATES DE	
			Début (4)	Bilan (5)

A noter dans l'agenda

4
Cultiver son jardin

4.1. Pourquoi ?

Cette démarche est une application directe de plusieurs des techniques de prise de décisions, et elle associe intimement celles qui relèvent de l'intuition à celles qui relèvent de la rationalité. Nous allons recourir à quelques outils spécialisés, sécateur, binette, faux, arrosoir, pour rendre plus agréable notre jardin, en l'occurrence notre esprit au sens large : intellect, sensibilité et mémoire.

4.1.1. Un constat

Qu'avez-vous à sectionner, débroussailler, arroser dans votre jardin intérieur ? Si rien ne vous vient immédiatement à l'esprit, nous allons vous aider. Dans nos séminaires, cette question fait surgir des thèmes hétéroclites, dont voici un échantillon :

- ranger mon bureau ;
- faire réparer l'embrayage ;
- terminer les entretiens de définition de fonction ;
- établir un plan de classement avec la secrétaire ;
- revoir mes conditions de retraite ;
- rencontrer le professeur principal de l'aîné ;
- choisir parmi les logiciels de gestion proposés.

Ce sont là des choix dont les conséquences ne sont pas considérables à première vue mais l'on trouve aussi :

- entamer le processus de restructuration de l'entreprise ;
- décider de la nouvelle affectation du Directeur commercial ;
- créer une filiale export ;

– épouser ma compagne ;
– acheter une nouvelle maison ;
– remanier la brochure publicitaire de la société.

Ces projets ont plusieurs points communs : ils ne sont pas inscrits dans le temps et relèvent plus des bonnes intentions que d'un processus de réalisation maîtrisé. Les conséquences n'en sont pas évaluées. Tous constituent des handicaps au fonctionnement *efficient* du responsable et de l'organisation concernée.

En effet :

– ne pas réparer l'embrayage rend aléatoire un long voyage en voiture ;
– ne pas avoir de plan de classement fait perdre un temps considérable. Où peut bien se trouver « ce fichu rapport » ?
– fuir la restructuration crée des inadaptations fonctionnelles et un attentisme général ;
– reporter la décision de créer une filiale entraîne des hésitations chez les clients à l'étranger, freine le dynamisme des commerciaux, multiplie les opérations système D.

Les conséquences objectives sont généralement beaucoup plus importantes qu'il ne paraît. Les effets intérieurs chez le responsable le sont plus encore. La multitude de projets non maîtrisés que vous portez en vous-même encombrent votre esprit et vos nuits. Au mieux ce sont les événements qui prendront les décisions, au pire vous sombrerez dans une dépression.

4.1.2. A l'origine

Les différents comportements illustrés par ces exemples sont tous teintés de culpabilité (« je devrais le faire »).

Ils sont mus par des mécanismes psychologiques plus ou moins conscients, que l'on peut classer dans trois grandes catégories. Ce sont les sentiments ou émotions négatifs répertoriés par l'Analyse Transactionnelle auxquels nous ajoutons quelques-unes de leurs nombreuses déclinaisons :

Peur	appréhension crainte angoisse trouille fuite	**Colère**	haine agressivité dédain mépris (supériorité)
Tristesse	souffrance apathie attachement (au passé) viduité (à quoi bon ?)		

Exercice

Faites une liste provisoire des actions ou projets qui traînent aussi bien dans vos rôles professionnels que familiaux. Notez en marge la catégorie (Peur, Colère, Tristesse) qui semble sous-tendre ces mécanismes (retards, indécisions,...) et, à droite, l'émotion ou le sentiment plus précis qui le décrit (angoisse de...).

Voyez-vous une convergence dans les quelques faits que vous avez listés ? Si c'est le cas, vous disposez d'un renseignement important, car il vous devient possible d'acquérir un « déclic » de conscience. Ce n'est pas de choisir un logiciel qui est difficile, c'est de rompre avec votre viscéral attachement au passé, en l'occurrence un vieux logiciel que vous aimez bien.

Nous vous proposons une chance supplémentaire de dénouer ces mécanismes négatifs, ces réflexes qui fonctionnent tout seuls et se sont généralement fixés dans votre inconscient au cours de votre enfance. Ce sont les « injonctions parentales », c'est-à-dire les expressions négatives que vos parents et éducateurs vous ont répétées à propos de vous-même qui ont créé ces réflexes (tu es méchant, tu n'arriveras jamais à rien, etc.). Faisons-en donc le tour, pour repérer au moins les plus pernicieuses de ces injonctions.

On retrouve en Analyse Transactionnelle les injonctions utilisées de façon plus restreinte en tant que « messages contraignants » ou mini-scénarios (voir bibliographie).

Voici une liste, non-limitative des grands classiques.

Tu n'y arriveras jamais
es un incapable
es encore en retard
fais tout de travers
ne comprends rien...

Tu n'es pas gentil
es moins bien que (ton frère, ta sœur)
ne penses qu'à toi

Tu ne fais que te plaindre
ne cesses de pleurer
ne seras jamais… (digne que je t'aime)

Tu (Notez les vôtres)

Remarquez que beaucoup d'injonctions sont non-verbales : ainsi « tu n'es pas digne que je t'aime » est rarement dit, mais ressenti. Il convient donc de traduire en mots certains froncements de sourcils ou doigts inquisiteurs.

Complétez l'exercice précédent en allongeant la liste de *tous* les projets ou actions en suspens. Et ajoutez aux catégories (peur, colère…) et aux déclinaisons (angoisse, agressivité…) l'injonction à l'origine de ce réflexe. L'une d'entre elle revient probablement plus fréquemment.

Vous pouvez l'annuler par son antidote que vous écrivez à côté : « Tu n'y arriveras jamais » devient « j'en suis capable ». Plus délicate est l'administration de l'antidote. Nous vous suggérons d'employer conjointement deux ou trois moyens parmi ceux indiqués au chapitre précédent, ou en fin de ce chapitre.

4.1.3. A quoi bon ?

Cette réflexion préalable peut vous sembler excessive par rapport à une action simple en soi (prendre rendez-vous chez le garagiste ou réunir les chefs de service).

Du point de vue de l'efficacité, la remarque est pertinente. Mais si vous recherchez *l'efficience*, ce travail préliminaire, cet effort pour comprendre les causes de vos mécanismes d'inaction sont nécessaires. Ils vous permettront progressivement :

- de démonter ces mécanismes pervers,
- d'aborder plus en profondeur le travail qui suit.

4.2. Les cycles d'action

Toute action peut se décomposer en douze étapes de réalisation qui, symboliquement, correspondent au cycle naturel des douze mois de l'année. Dans la plupart des cas une réduction à quatre phases (les quatre saisons), est suffisamment descriptive pour notre objet ; c'est ce que nous proposons de faire.

4.2.0. La phase zéro est celle du germe

Pourquoi, comment une idée vient-elle à votre esprit ? C'est tout le mystérieux processus créatif évoqué précédemment. Une idée est comme une graine, elle peut rester longtemps assoupie avant de germer. Il faut que les conditions de l'environnement lui soient favorables pour que se produisent le déclic, puis la connexion et la maturation.

Dans le domaine des actions humaines, cette phase correspond par exemple à :

- la création, la créativité,
- la manifestation de besoins, envies, aspirations,
- la transformation de manques en motivation,
- l'émergence d'une politique embryonnaire.

Ce phénomène décrit à l'échelle individuelle est le même pour une organisation.

La première décision, délibérée ou non, est de transformer « l'idée » en action tangible. C'est le germe souterrain. Le cycle d'action commence.

4.2.1. Stratégie

Nous adoptons dans ce qui suit un vocable de management qui s'applique à des actions tant professionnelles que familiales ou sportives.

La stratégie est l'ensemble cohérent des objectifs à atteindre, des moyens mis en œuvre, et des bénéfices escomptés. Vous parlez d'accroître les parts de marché de votre société ou de développer vos connaissances linguistiques. Explicites ou implicites, vous avez des stratégies qui se déclinent en objectifs plus ou moins clairs.

Lorsque votre stratégie est suffisamment élaborée, vous commencez à en apercevoir les retours (feed-back) :
– vos propres impressions et sensations,
– les commentaires de votre entourage,
– la note du président en réponse à votre avant-projet.

De la même façon, le germe qui pointe et affleure obtient des retours (neige, soleil, cailloux...). Si, pour vous, ces retours sont positifs et que vous avez suffisamment de ressources, vous poursuivez *plus ou moins* consciemment selon votre stratégie.

LES CYCLES D'ACTION

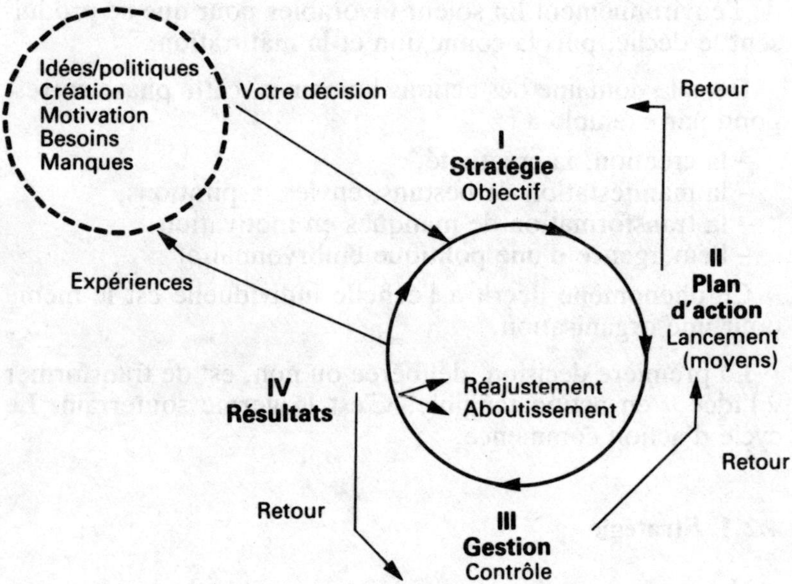

« Termine ce que tu as commencé »
(Dicton populaire)
« ...sauf tes bêtises »
(suite du dicton sur le mode familial).

4.2.2. Plan d'action

Alors vous élaborez un plan d'action, formalisé ou non, comprenant notamment :

- un affinement des objectifs,
- une description plus fine du produit,
- une mise en cohérence avec l'environnement,
- des moyens de tous ordres.

Et vous terminez par le lancement de votre produit, de votre idée, de votre opération.

La jeune pousse se développe, s'élance vers le ciel tout en plongeant ses racines où elle peut. A ce stade les retours sont concrets et la sanction de l'environnement, rapide.

Dans certains cas le projet s'avère non viable et vous allez réexaminer votre plan d'action ; la pousse meurt, une autre prendra sa place.

4.2.3. Gestion

Mais admettons que le lancement se soit bien passé. Il s'agit maintenant de gérer la croissance, de faire en sorte que l'action arrive à son point de maturité. Le contrôle est le mot-clé de cette phase afin d'obtenir la meilleure croissance en dosant les moyens utilisés.

La plante s'épanouit, profite de la terre, de l'eau, du soleil. A ce stade, la réussite est probable, pas encore certaine, c'est pourquoi les contrôles sont importants.

Ils peuvent entraîner le réajustement du plan, des méthodes de gestion, voire l'arrêt de l'action.

4.2.4. Résultats

Si l'action continue, c'est pour apporter des résultats positifs, des bénéfices. L'action doit produire plus ou mieux qu'elle n'a consommé pour sa croissance.

La plante à maturité porte ses fruits ou graines. L'analyse des résultats peut donc conduire à un arrêt de l'action ou à réajuster l'ensemble du système en vue d'un nouveau cycle.

4.3. Les outils de jardinage

Maintenant que nous avons fait le tour du jardin et que nous avons réappris le rythme des saisons, nous allons pouvoir utiliser deux catégories d'outils que nous appelons :

TERMINER, pour tout ce qui mérite de croître.

INACHEVER[1], pour ce qui doit mourir.

Nous noterons au passage que ces deux outils peuvent être plus ou moins bien employés :

TERMINER :
- *Juste* comme il faut,
- *pas assez,* l'opération est bâclée,
- *avec excès,* l'opération est tellement fignolée, que d'autres actions en pâtissent.

INACHEVER :
- *Juste,* j'arrête quand il faut, au bon moment, parce que « ça ne vaut pas le coup » de continuer,
- *pas assez,* l'action est interrompue prématurément, sans laisser la possibilité d'en tirer un enseignement,
- *avec excès,* aucune décision n'est prise, l'action est bel et bien stoppée mais nul ne sait si c'est temporaire ; ça traîne.

4.3.1. Mode d'emploi

Nous allons donc nous entraîner à utiliser les deux outils juste comme il faut, afin de *boucler les cycles d'action.* Ceci signifie précisément que, même si l'action est encore en première phase, vous avez décidé, au vu des premières réactions, de l'achever. Le résultat c'est l'enseignement que vous en avez tiré, et le cycle est bel et bien bouclé.

Donc, **boucler** un cycle d'action c'est choisir, à chaque phase comme à l'issue des 4,

- de terminer celle-ci *et* cesser l'action,
- d'inachever celle-ci *et* cesser l'action,

1. Ne cherchez pas dans votre dictionnaire : le verbe inachever, n'existe pas, mais nous le préférons à ne pas achever.

- de terminer celle-ci *et* poursuivre l'action,
- d'inachever celle-ci *et* poursuivre l'action.

Les résultats concrets et les *sous-produits* d'expérience obtenus sont évidemment très différents dans ces quatre options.

Vous allez à présent nettoyer votre esprit des actions en cours en décidant consciemment de l'option que vous retenez. Reprenez votre liste d'actions inachevées et choisissez-en une qui vous cause particulièrement des problèmes. Précisez dans quelle phase elle se trouve, puis suivez pas à pas le mode d'emploi suivant :

a) évaluer l'option TERMINER. Pour ceci :
   - évaluer les **coûts** en temps, frais, énergies, remotivation, surcroît de travail, nouveaux moyens...
   - évaluer les **bénéfices** en gains supplémentaires, investissement récupérable, amélioration de votre situation ou de l'ambiance, leçons d'une expérience...

b) évaluer l'option INACHEVER. Pour cela :
   - évaluer les **coûts** en frais, inconvénients psychologiques, stress, dégradation des moyens...
   - évaluer les **bénéfices** en simplifications, temps gagné, économies immédiates, allègement des tâches...

c) ressentez alors quelle est l'option que vous préférez, celle qui présente le bilan le plus favorable et prenez une quasi-décision : *terminer* ou *inachever*. Précisez au besoin à quelle phase.

d) faites maintenant le contrôle P.E.A. Soyez attentif à vos voix intérieures ; éventuellement complétez le bilan des options.

e) enfin décidez, si vous le sentez. Vous pouvez aussi choisir d'attendre que la décision se prenne.

f) si la décision est bien là en vous, passez à l'action naturellement : action concrète, délai, report dans l'agenda, choix du moment pour faire le point.

Une suggestion encore, car les risques de dérapage provoqués par votre rationalité (et vos nombreux personnages) sont notables : laissez passer une ou deux nuits sans toucher à votre tableau. Puis relisez-le et demandez-vous : « Est-ce que je le sens bien ? »

BOUCLER LES CYCLES

	ACTIONS INACHEVÉES	OPTION TERMINER		OPTION INACHEVER		QUASI-DÉCISION	PEA	DECI-SION	DÉLAIS/AGENDA /BILAN
		Coût	Bénéfices	Coût	Bénéfices	T/I			
0									
I									
II									
III									
IV									

4.3.2. Un exemple

Nous prenons le cas très simple de Thierry, ingénieur dans un laboratoire de recherche. Il y a un an, son patron lui a demandé un rapport confidentiel destiné à évaluer la fiabilité d'un certain type de composants parmi ceux existant sur le marché.

Bien que cela joue un rôle accessoire dans le comportement du produit final et de son prix de revient, son patron s'est engagé, lors d'une réunion Qualité à examiner tous les éléments du produit. Thierry avait accepté d'assumer cette tâche. Rappelé à l'ordre à plusieurs reprises, il n'a toujours pas trouvé les 15 jours nécessaires à la confection de ce rapport, débordé par des activités jugées prioritaires.

Une nouvelle relance l'incite à prendre le taureau par les cornes et à examiner la tâche en termes de cycle d'action. Au préalable, Thierry identifie la peur de déplaire, suscitée par les injonctions anciennes « Tu n'es pas gentil » et « Tu peux faire mieux ».

Ensuite il passe au crible.

a) TERMINER

Coût	*Bénéfices*
15 jours	plaire au patron
surcroît de travail	négocier une augmentation
négliger le projet Y	connaître à fond les composants

b) INACHEVER

Coût	*Bénéfices*
Affrontement	15 jours
(aucune retombée technique)	bon débarras
	me consacrer au projet Y
	discuter avec mon patron

c) La quasi-décision est très claire.

d) Au contrôle P.E.A. il y a un mais. « J'ai peur d'affronter mon patron ». Comment faire pour ne pas en avoir peur ?
Nous avons travaillé ceci ensemble sous forme de jeux de rôles et Thierry a trouvé les arguments et surtout l'attitude qui lui permettrait de faire en sorte que son patron (très autoritaire) choisisse lui-même d'INACHEVER.

e) La décision « s'est prise » en Thierry ; de plus, il s'est « ancré » dans cette décision (voir 4.5.).

f) Aux dernières nouvelles Thierry a réussi au delà des espoirs. Son patron lui a déclaré : « Mais pensez-vous, je ne vous ai jamais demandé un rapport, juste votre avis. Je l'ai, c'est très bien. »

4.4. Négocier votre auto-sabotage

De quoi s'agit-il ? L'auto-sabotage est un comportement inconscient qui paralyse une décision claire que vous avez prise. Il diffère des projets interminables que nous venons d'aborder dans lesquels il y avait indécision et flou « artistique ». Au contraire l'auto-sabotage concerne une action décidée de façon consciente et explicite.

Cette décision peut être la suite d'un cycle d'action. Thierry, malgré sa décision, aurait pu renoncer à rencontrer son patron. Vous-même avez décidé de faire quotidiennement votre plan de journée, ce que vous n'avez pas fait une seule fois ; vous voulez faire du sport tous les matins et, en pratique, c'est plutôt le soir que cela vous tente.

La nature du phénomène est évidente. Dit familièrement, « ça vous barbe » de passer à l'acte, quelque chose d'autre vous plaît ou vous attire plus (Ce phénomène n'est généralement pas explicite). Voici à présent un mode d'emploi précis, combinant des approches intuitives et rationnelles, afin d'éviter l'auto-sabotage en négociant avec vos *énergies*.

4.4.1. Un préalable : le P.E.A.

Il vaut mieux prévenir que guérir.

Au moment de prendre votre décision et de la clamer à votre entourage (« je m'arrête de fumer, j'organise mon classement, je fais du sport... »).

- Effectuez le contrôle P.E.A. en étant vigilant sur les moindres réticences.
- Vérifiez que, parmi les moyens, le laps de temps est suffisant dans la période prévue.
- Imaginez ce que sera votre environnement en termes de structures et de rythmes. Le mois d'août n'est pas une période favorable à la prospection commerciale mais c'est un bon moment pour planifier... ou écrire un livre.

4.4.2. Au démarrage

Ça y est, la décision s'est prise, c'est une activité « **A** ». Vous allez commencer. Peut-être vivez-vous des lenteurs et des réticences à vous y mettre.

- Regardez comment vous pouvez redécomposer cette action, et choisissez ce qui est le plus sympathique et facile.

- Donnez-vous des étapes modestes au début, pour des parcours de 45 minutes environ, et prévoyez de vous accorder une mini-pause (3 à 4 minutes, pas 5) avec un stimulant, quand cette étape sera terminée.
- Si, malgré cela, vous n'arrivez pas à démarrer, fermez les yeux et examinez en vous ce qui se passe. Respirez le plus bas possible. Si c'est une vraie décision, ne vous attardez pas trop : retrouvez votre motivation, laissez-la croître jusqu'au moment où en vous une voix dit « J'y vais ».
- Si, malgré tout, le déclic ne se faisait pas :
  - faites filtrer votre téléphone ou branchez votre messagerie ;
  - fermez votre porte et munissez-la de l'écriteau « ne me dérangez pas SVP » ;
  - sachez éconduire les audacieux qui ont franchi le barrage : « Puis-je vous appeler cet après-midi ? »

4.4.3. En route

S'il s'agit d'une activité de bureau, déblayez-le. Écartez de votre champ visuel tous les objets qui peuvent être source de distraction.

Si vous avez juste en face de vous un arbre rempli d'oiseaux ou une superbe créature (homme ou femme) qui vous séduit, changez l'orientation de votre bureau. Ne tournez la tête que lorsque vous voulez vous accorder une récompense. Commencez par « structurer votre engagement » c'est-à-dire ayez un plan (écrit ou intime) à étapes.

Si vous avez une pensée extravertie, n'hésitez pas à faire exactement le contraire de ce que nous venons d'indiquer (qui pour ma part me convient parfaitement parce que j'ai une pensée introvertie). Vous avez peut-être besoin de bruits de fond, de voix au téléphone, peut-être même du son de la radio pour être suffisamment stimulé. Une fois que vous êtes en dynamique, commencez à structurer.

Pour des tâches rébarbatives et mécaniques (de classement par exemple), offrez vous votre concert préféré en prévoyant de vous munir de votre lecteur de cassettes.

4.4.4. Encore des ratés

Malgré toutes ces précautions, votre activité n'avance pas. Vous êtes interrompu par les « urgences » ; il y a « plus important », vous n'avez pas d'idées, vous multipliez les erreurs. Appliquez les instructions suivantes :

a) Reprenez la grille de la bonne journée et appliquez-la à cette tâche.

Ce → est-ce un objectif correct ?
que je veux → quelles sont mes motivations/envies ?
quelles sont mes peurs/réticences ?
faire → est-ce à ce produit « activité » que je désire appliquer toute mon *énergie* ?

Regardez attentivement où ça coince ?

b) Reconsidérez votre environnement :

– ses cycles → est-ce une bonne période ?
– ses rythmes → trop tôt, trop tard, dans la journée ?
– sa culture → avons-nous le même système de valeurs ?

Comment vous adapter mieux ?

c) Et vos propres rythmes ?

d) Après ces efforts méritoires et si, décidément, rien ne marche, donnez-vous la permission de :

– laisser tomber : ça ne doit pas être si important, c'est probablement « dans la tête que ça coince »,
– ou redécider, avec une chance de plus : *l'ancrage*.

4.5. Ancrer

C'est une technique classique de la programmation neurolinguistique (P.N.L.). Si l'expression est effrayante, sa pratique est remarquablement *efficiente*.

La P.N.L. est avant tout un outil de communication qui permet d'identifier en chacun de nous trois canaux de communication :

– visuel,
– auditif,
– kinesthésique (lié au mouvement et à l'affectif).

L'intérêt est d'accroître les chances de se faire comprendre d'un autre en adoptant son langage ; en se mettant en phase avec lui :

– je vois ce que vous voulez dire,
– j'entends bien,
– je le sens comme vous.

Cet outil permet également de mieux communiquer avec soi-même. C'est dans cette optique que nous l'utiliserons.

Une « ancre » est un stimulus qui déclenche en nous une réponse automatique, un réflexe qui peut être conscient ou non. Ainsi, on peut se déprogrammer et se reprogrammer à volonté, notamment pour intégrer intimement en soi une décision qui sera à l'épreuve du temps. Ce processus est d'autant plus fort que vous aurez pratiqué et vécu la décision comme quelque chose qui « se prend » en vous.

En reprenant l'exemple de Thierry, voyons comment la P.N.L. l'a aidé à « ancrer sa décision ».

a) Quelle est la décision ?

Reformulez-la...

Je veux parler à mon patron, lui demander conseil sur l'ampleur de ce rapport, et savoir quels sont les autres travaux que je dois retarder ?

b) Sélectionnez une ressource

Une ressource est le souvenir d'un événement ou d'une situation où vous avez réussi brillamment. Il est généralement plus fiable de la choisir dans une situation analogue à celle qui vous intéresse.

Vivez cette situation comme si vous y étiez, avec votre canal privilégié (visuel par exemple), et, si possible, les deux autres (auditif, kinesthésique). Lorsque vous êtes totalement en contact avec cette situation, fermez le poing (vous pouvez opérer d'autres gestes significatifs), le poing va devenir votre ancre. Répétez l'expérience trois fois en fermant le poing lorsque vous êtes « dans » la situation.

Dans une société où j'étais précédemment, j'ai demandé à être muté. Comme j'avais par ailleurs d'autres offres intéressantes j'étais sécurisé. Le Directeur des Ressources Humaines me reçoit.

C'est quelqu'un d'impressionnant qui paraît surpris de ma démarche. J'ai d'abord la gorge nouée, puis je me lance : « Le travail que je fais est intéressant mais je crois que je peux être davantage utile à la société. J'ai pensé au service qualité ». Le D.R.H. devient plus convivial, nous échangeons un moment et il clot la discussion par un « C'est entendu, je m'en occupe ». C'est effectivement au service qualité que j'ai été nommé.

c) Vérifiez

Si votre ressource est bien choisie, en fermant le poing vous la retrouverez rapidement.

Selon votre nature, il peut être utile de prendre quelques secondes pour ressentir à nouveau la situation.

Oui je revis tout à fait la scène. Je ressens une intime jubilation. Je suis fort.

d) Intégrez votre décision

Reformulez votre décision et fermez le poing. Elle s'est ancrée en vous.

Le jour où vous avez décidé de passer à l'acte, ancrez-la à nouveau :

- lorsque vous tracez votre plan de journée,
- le matin en vous éveillant,
- au moment de vous y mettre.

Thierry a fermé très solidement son poing en entrant chez son patron.

Bien entendu, cette technique s'applique à un registre très vaste, débordant largement celui des décisions. L'ancrage est notamment approprié à l'administration des antidotes évoqués au début de ce chapitre.

Et maintenant votre P.A.P.

PLAN D'ACTION PERSONNEL

A/B/C/ D/E (2)	ACTIONS DECIDEES (1)	MOYENS (3)	DATES DE Début (4)	DATES DE Bilan (5)

A noter dans l'agenda

5
S'approprier quelques méthodes

Dans la même optique qu'au chapitre 1, nous vous proposons de vous approprier quelques méthodes classiques de management et de gestion du temps. Même si, *a priori,* elles relèvent plus de l'efficacité, nous verrons qu'elles peuvent, par leur appropriation parfaitement s'intégrer à une recherche d'*efficience.*

Parmi les nombreuses méthodes existantes, nous en avons retenu trois qui nous paraissent essentielles :

- positiver
- déléguer
- gérer les 20/80 (des situations typiques)

Chaque méthode, a elle seule, a fait l'objet de plusieurs ouvrages. Nous nous contenterons de mettre l'accent sur certains points-clés.

5.1. Positiver

Grâce ou malgré l'abondante publicité réalisée par l'enseigne Carrefour, « positiver » est entré dans la langue courante et devrait figurer, un jour, dans *le Petit Robert.* Le risque de la vulgarisation est de perdre l'essentiel. Qu'est-ce que positiver ? Plus qu'une méthode, c'est une attitude fondamentale face à la vie.

Vous connaissez peut-être l'anedocte des deux étudiants embauchés par un fabricant de chaussures, pour une étude de marché dans un lointain Tiers-Monde. A leur retour, ils présentent leur rapport :

– le premier : « Monsieur le Directeur Général, il n'y a rien à faire dans ce pays, aucune chance, tout le monde marche pieds nus. »
– le second : « Monsieur le Directeur Général, c'est un pays fantastique avec un marché potentiel fabuleux, tout le monde marche pieds nus ».

La plupart d'entre nous sommes marqués profondément par notre culture judéochrétienne. De ce fait, notre pensée, dualiste, fonctionne sur un mode bien-mal, bon-méchant, positif-négatif. Or la réalité est tout autre. Les courageux cow-boys et les traîtres indiens ont fait leur temps. La réalité est que toute personne ou toute situation présente des caractéristiques positives **et** négatives. Ce n'est jamais qu'une question de dosage.

– Même la personne la plus agréable à vivre et qui possède, semble-t-il, toutes les qualités a des défauts et des faiblesses. L'histoire est remplie d'homme prétendument courageux qui s'effondrent devant le danger et d'hommes ordinaires qui agissent en héros dans la même situation.
– Toute situation contient en elle même des aspects favorables et défavorables qui ne seront pas perçus de façon identique par tous ceux qui les vivent.
« Vérité en deça des Pyrénées, erreur au-delà », disait Pascal.

« Le malheur des uns fait le bonheur des autres ». Au delà du dicton, nous osons dire « le malheur des uns peut être le bonheur des uns ». Même la pire catastrophe contient des éléments positifs, toujours.

Notre vie se construit avec ce que nous vivons de positif, avec la réalité que nous créons positive. Elle se détruit par ce que nous regardons négativement. La vie dc Martin Gray en est une extraordinaire illustration. Plus prosaïquement, voici un événement qui résume ce point de vue.

Il y a quelques années, au cours d'un long séjour au Canada, j'ai fait connaissance d'un curieux personnage. Ce chef d'entreprise avait une caractéristique extrêmement marquée : il positivait constamment, c'était devenu sa nature. Quand ses bureaux ont été dévastés et mis à sac par des malfaiteurs, il n'a pas eu une seconde de plainte. Au contraire : « Parfait, on va pouvoir racheter du matériel moderne » s'écria-t-il en pensant à l'assurance.

De même, toute personne peut être regardée dans ses aspects uniquement positifs, c'est ce qui l'encourage le plus à grandir.

On dit que Démosthène, le grand orateur, aimait se promener autour d'Athènes. Un jour il rencontra des voyageurs qui le questionnèrent : « comment sont les Athéniens ? » Démosthène leur demanda d'abord de décrire les habitants de leur région. « Ils sont désagréables, fourbes et corrompus lui dirent-ils ?. « Désolé répliqua Démosthène, « les Athéniens sont du même genre ».

Un autre jour, il rencontra d'autres voyageurs qui lui posèrent la même question. Il leur demanda d'abord de lui parler de leurs compatriotes. « Ce sont des gens simples, honnêtes et chaleureux » dirent-ils. « Vous avez de la chance, répondit-il, vous rencontrerez à Athènes des gens simples, honnêtes et chaleureux. »

Outre l'*a priori* positif, cet exemple fait également ressortir l'importance des projections.

Nous pourrions multiplier anecdotes et faits vécus. Récemment, un de nos clients, quittant son entreprise dans des conditions difficiles, a choisi de positiver totalement la situation. Il a recherché ce qui correspondait précisément à son potentiel et à son expérience, ce qui était le plus en ligne avec son « projet de vie ». Très rapidement, à cause de l'énergie positive qui émanait de lui, il a trouvé un autre poste. « Je suis heureux d'avoir fait le saut » dit-il.

Positiver change totalement la vie. Recherchez dans toute personne, dans toute situation, même la pire, ce qu'il y a de positif, afin de construire.

« La défaite est la mère du succès » disait Mao Tsé Toung !...

Exercice :

1 - Choisissez une situation qui actuellement vous semble défavorable. Faites la liste de tous les aspects positifs de cette situation, de ce que vous pouvez en tirer.
En face de ces aspects, indiquez ce que vous envisagez de faire, concrètement.

2 - Le soir en vous endormant, répétez-vous une phrase du genre : « je regarde personnes et situations positivement ». Créez la phrase qui vous correspond le mieux, qui vibre en vous. Répétez la calmement trois fois en la laissant glisser en vous. Observez ce qui se passe pendant une semaine. Si cela vous sert, poursuivez encore deux semaines (21 jours au total) pour intégrer cette nouvelle attitude.

Cette attitude essentielle vous permettra d'aborder les méthodes suivantes avec toutes les chances de les intégrer à votre *efficience*.

5.2. Déléguer

Nous allons aborder la délégation sous l'angle de *« l'efficience »* ; la vôtre et celle de vos délégués. Pour cela nous ferons principalement référence à l'Analyse Transactionnelle (A.T.). C'est pourquoi nous vous proposons de commencer par un test « Se mieux connaître »[1] qui vous sera utile pour la suite ; si l'A.T. vous est déjà familière, passez au paragraphe 5.2.2.

5.2.1. Auto-diagnostic : « Se Mieux connaître »[1]

Répondez réellement aux questions, (c'est-à-dire en indiquant la manière dont vous agiriez dans ces circonstances et non pas la manière dont vous souhaiteriez agir) tout en essayant de vous placer dans votre contexte habituel professionnel et/ou privé. Ne regardez pas la grille de dépouillement.

Notez :

jamais	0
rarement	1
parfois	2
souvent	3
presque toujours	4
toujours	5

1. Nous l'utilisons de façon plus développée dans nos séminaires.

Autodiagnostic
« SE MIEUX CONNAITRE »

1 Aider les autres est une deuxième nature ☐

2 Je respecte les règles de politesse ☐

3 J'ai de l'intuition ☐

4 Je suis exigeant quand il le faut ☐

5 J'aime les contacts ☐

6 Je ne me laisse pas faire ☐

7 La vie est une affaire sérieuse ☐

8 Je fais comme il me plait ☐

9 Je m'incline devant l'expérience ☐

10 Je sais écouter et observer ☐

11 Je me considère comme responsable des événements de ma vie ☐

12 Je perds mes moyens dans certaines circonstances ☐

13 J'ai une attitude conciliante ☐

14 Je ne supporte pas d'être en retard ☐

15 Je m'énerve facilement ☐

16 Au besoin, je sais séduire ☐

17 Je m'efforce de trouver les convergences d'intérêts ☐

18 J'ai tendance à réagir immédiatement ☐

19 Je crois à certains principes ☐

20 Ma première impression est la bonne ☐

21 J'analyse ce que je fais ☐

22 J'interviens si les autres ont une difficulté ☐

23 J'adore la contradiction ☐

24 Plus c'est bizarre, plus ça m'intéresse ☐

25 On ne fait pas ce qu'on veut ☐

26 Je me sens mieux en situation de supériorité ☐

27 Je parle de façon franche et spontanée ☐

28 J'aime être à l'aise dans mes vêtements ☐

29 Je suis capable de beaucoup d'humour ☐

30 Je suis discret de nature ☐

31 Nous avons des droits et des devoirs ☐

32 Si c'est un ordre, je suis contre ☐

33 Je suis enfant avec les enfants ☐

34 Une solide éducation est nécessaire ☐

35 Je manifeste volontiers ma joie ou ma peine ☐

36 Je fais confiance à mon sixième sens ☐

37 Je sais prendre du recul par rapport aux situations ☐

38 J'ai tendance à encourager les autres ☐

39 Si l'on m'agresse, j'ai tout de suite la réplique ☐

40 Mes amis savent qu'ils peuvent compter sur moi ☐

41 Je m'intéresse aux faits et aux solutions ☐

42 Les gens ont besoin d'être sécurisés ☐

Grille de dépouillement
« SE MIEUX CONNAITRE »

A l'intérieur de chaque colonne, reportez à côté du numéro de la question, le chiffre de votre réponse.

Attention, les numéros des questions ne se suivent pas. Puis faites le total dans chaque colonne.

PNF	PNR	A	EAS	EAR	EC	ES
N°	N°	N°	N°	N°	N°	N°
4	1	10	2	6	3	5
7	13	11	9	15	16	8
19	22	17	12	18	20	27
26	38	21	14	23	24	28
31	40	37	25	32	29	33
34	42	41	30	39	36	35
Total	Total	Total	Total	Total	Total	Total

Ensuite, réalisez le graphique suivant en marquant un trait correspondant à vos totaux dans chaque colonne. Dessinez un grisé en dessous du trait ; vous obtiendrez un histogramme, en l'occurence votre « égogramme ».

Votre égogramme

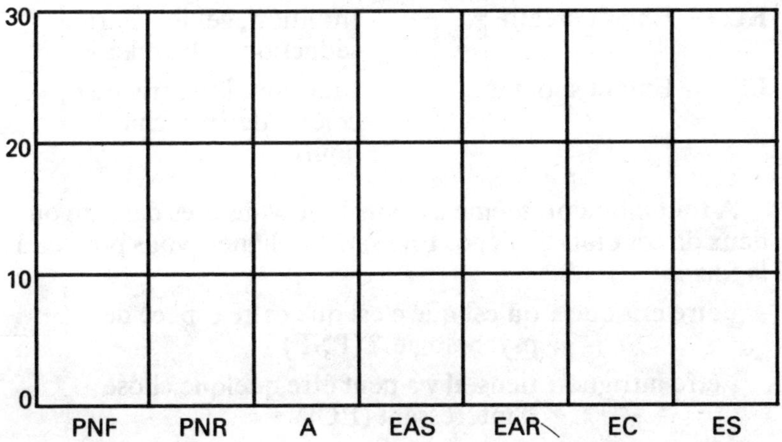

Et voici maintenant les explications.

Comme nous l'avons déjà vu plus haut (en : 3.4), l'A.T. part du principe que chacun dispose de trois « états de l'égo » qui sont des attitudes et comportements caractéristiques en *vous* :

le Parent	-	système d'enregistrement de nos expériences
l'Adulte	-	capacité d'analyse
l'Enfant	-	source d'émotions, sentiments et réactions réflexes

Ils se décomposent en 7 fonctions de base que, pour simplifier, nous résumerons par des mots-clés.

PNF	- Parent normatif :	- Il faut, bien, mal, interdit... « j'ai raison » ;
PNR	- Parent nourricier :	- Aides, conseils, appuis, encouragements, « tu y arriveras ».
A	- Adulte :	- Faits, analyses, caractéristiques, questions, problèmes, solutions.
EAS	- Enfant adapté soumis :	- « je m'écrase », poli « ils ont raison ».
EAR	- Enfant adapté rebelle :	- Résistance, réaction, « ras le bol », les salauds.
EC	- Enfant créatif :	- Intuition, génie, charme, séduction, « Euréka »
ES	- Enfant spontané :	- Emotion, joie, tristesse, colère, désir. « chic, hourra »

A tout moment, même à cet instant, vous êtes dans un ou deux de ces états de l'égo. En lisant ces lignes, vous pouvez à la fois :

- être critique : qu'est que c'est que cette espèce de psychologie ? (PNF)
- être intrigué : tiens, il y a peut être quelque chose d'intéressant (EC)

Vous pouvez donc repérer quelle est, dans la vie courante, votre attitude dominante que révèle votre égogramme. C'est un renseignement précieux car il vous permet de comprendre plus facilement vos propres façons d'agir et les réactions des autres.

Notre suggestion :

Si vous pensez qu'il y a quelque chose à changer dans vos attitudes, n'essayez pas de « diminuer » une attitude que vous trouverez trop marquée ; recherchez plutôt quelle autre n'est pas assez développée et pourrait rééquilibrer la première. Si vous êtes trop PNF, voyez comment vous pourriez développer votre EC ou ES, par exemple.

La démarche, à cet égard, est du même ordre que celle que nous avons proposée lors du test d'*efficience.* Repérez l'attitude que vous voulez développer, ressentez-là comme juste. Puis notez tous les gestes et comportements que vous pouvez acquérir et qui vont structurer ces développements.

Peu à peu vous serez plus proche de vous-même, de vos *énergies,* plus *efficient.*

Nous ne voulons pas entrer plus dans le détail : d'excellents ouvrages existent dans ce domaine. Sachez que l'A.T. peut vous aider considérablement à avoir une délégation plus *efficiente.*

5.2.2. Les trois niveaux de motivation

Bien que très à la mode et jugées importantes, les motivations sont fréquemment négligées dans le cadre d'une délégation. La hiérarchie agit comme si déléguer une activité était naturel (ce qui est vrai) et que l'acceptation de son délégué allait de soi (ce qui est faux). Le plus souvent, lors d'une nouvelle délégation, le hiérarchique se situe en PNF tandis que le collaborateur se situe en apparence dans l'Adulte, en réalité dans son EAS. La distinction de l'A.T. entre transactions apparentes et cachées est capitale et explique bon nombre de malentendus. S'il est soumis le délégué ne fera que ce qu'on lui dit, sans prendre aucune initiative.

Que faire ? Connaître les motivations, toutes les motivations du collaborateur avant d'entreprendre une délégation afin d'agir au bon niveau. Autrement dit « toucher » ses déclics cachés qui vont révéler son *efficience.*

Nous distinguons trois niveaux :

l'Adhésion (PNF) : acquiescement de quelqu'un à une idée, un projet, un objectif. « C'est une bonne idée » mais ceci l'implique peu.

l'Intérêt (A) : généralement tendance d'une personne à trouver un avantage tangible à quelque chose, à anticiper un profit. « Je suis intéressé » : il peut s'agir d'avantages financiers, intellectuels, voire spirituels.

l'Implication (EC/ES) : émotion et désir d'une personne qui tend à se passionner et s'enthousiasmer pour quelque chose. « Je veux en être » (de la partie)

Le contenu de ces trois niveaux varie considérablement d'une personne à l'autre. Les théories de Maslow et d'Herzberg, statistiquement valables, ne peuvent être que des aide-mémoires ou des guides face à un individu donné.

Chacun a ses attentes spécifiques concernant le contenu de son travail, ses relations, ses responsabilités. Au hiérarchique de questionner et de sentir pour « toucher » juste. Selon l'importance de l'activité à déléguer, le hiérarchique devrait finement « toucher » une, deux, ou trois de ces motivations.

Ainsi pour une délégation :

- de tâche (l'unité la plus simple), toucher l'intérêt peut suffire.
- de fonction (un ensemble de tâches complexes requérant initiative), l'implication est en plus nécessaire.
- de mission (globalité des fonctions, large initiative), l'adhésion vient encore s'y ajouter.

Par comparaison, chaque niveau de motivation est un luminaire. Les luminaires et le courant appartiennent aux délégués. Le hiérarchique astucieux quant à lui, sait trouver le commutateur (en l'occurence une façon de présenter une opportunité). Quand un, deux, trois luminaires sont allumés, il y a **engagement** de la personne. Nul besoin alors de la pousser ou de la sermonner : elle est éclairée et y va d'elle même, avec son *efficience.*

Il y a un inconvénient, rédhibitoire pour certains, à ce style de management : le droit de refus. Si c'est juste un mot, il s'ajoute aux idéologies à la mode et ne produira que de la confusion. S'il est effectivement pratiqué, cela signifie qu'un hiérarchique responsable n'insiste pas sur les réticences du collaborateur ; il recherche d'autres motivations ou quelqu'un d'autre. Symétriquement, un collaborateur responsable ne fait pas semblant d'accepter une tâche, il recherche en quoi la proposition peut le motiver, négocie d'autres solutions, ou refuse.

Voici un cas survenu dans une PME. Dans sa politique d'expansion, le PDG désirait créer lui-même une filiale à l'étranger.

Il recherchait un cadre possédant l'expertise particulière de sa technologie et susceptible d'assumer la Direction Générale de la maison mère. Les contacts et annonces ne donnèrent aucun résultat probant. Par rapport aux critères de sélection, les cadres sur le marché étaient soit compétents et trop chers, soit « dans la fourchette » mais d'un niveau de compétence insuffisant.

Comment positiver cette situation ?

Restait une possibilité : Isabelle, assez nouvelle dans la société, avait fait ses preuves en tant que chef de service. Lors d'une première entrevue avec le responsable du personnel, elle avait refusé le poste qui comportait trop de responsabilités et pas assez de rémunération. En fait, celle-ci situait ce poste en bas de la fourchette des salaires sur le marché, mais l'intéressement l'accompagnant le situait tout en haut.

Lors de la deuxième entrevue avec le PDG, celui-ci prit le temps de la questionner et d'écouter les trois niveaux de motivation. Il s'avéra que le salaire était un prétexte. Ni l'adhésion ni l'intérêt ne manquaient. Comment déclencher l'implication, vitale à ce niveau de responsabilité ? Isabelle lui fournit une piste : ce qui l'avait toujours passionnée, c'était de recruter, de former une équipe à sa façon, d'entraîner les jeunes...

Au lieu d'une réduction, c'est bien un élargissement de ses responsabilités qu'elle recherchait. Il y avait un pari et guère d'autres choix. Isabelle devint Directeur Général. Pari gagné.

Les rares entreprises qui ont accepté de jouer ce jeu sont aussi les plus performantes. Elles sont *efficientes*.

5.2.3. La régulation

Nous utilisons plus volontiers ce mot que celui de contrôle dont la connotation est franchement négative en français (alors qu'elle est neutre en anglais). La régulation consiste à faire le point, à intervalles réguliers, et sur des critères convenus entre le hiérarchique et son délégué.

Classiquement, une délégation correcte analyse les écarts objectifs et recherche les ajustements efficaces des moyens, ce qui est nécessaire mais pas suffisant.

Un deuxième aspect consiste à examiner comment cette délégation a été vécue, de part et d'autre. Si les objectifs sont atteints mais au prix d'efforts surhumains, il est vraisemblable que le délégué ne renouvellera pas l'expérience. Ou bien il peut simplement avoir manqué d'encouragements en cours de route... Autant de ressèntis, autant d'individus. En résumé, le délégué a-t-il eu du *plaisir* en accomplissant cette activité ? Que peut-on faire pour qu'il en ait plus, ou ne se lasse pas ?... Si le délégué peut sentir s'exprimer de nouvelles *énergies* en lui, il se lancera dans ce nouveau jeu, avec *efficience.*

5.3. Les 20/80 des situations

Nous désignons par là les quelques situations courantes qui consomment 80 % du temps des responsables. Chaque situation fait l'objet d'un mode d'emploi détaillé en annexe. Nous désirons simplement insister sur quelques points où se révélera particulièrement votre *efficience.*

5.3.1. Mon travail personnel

« Je reporte les **« A »** que je ne pourrai traiter correctement le jour même ».

Une des causes majeures de stress c'est de manquer de temps. Ayez la sagesse de reporter à une meilleure période (normalement le lendemain) ce qui serait mal fait ou mal vécu. Votre *efficience* consiste à vivre avec juste la dose de stress qui ajoute à votre plaisir.

« Je me concentre sur une chose à la fois »

« Je note à part mes associations d'idées »

Ce moyen permet de fonctionner en permanence avec le cerveau gauche et le cerveau droit. En admettant que vous fonctionniez plutôt en cerveau gauche (rationnel), le seul fait d'avoir une feuille ou un bloc pour les idées de passage garde en éveil le cerveau droit (intuitif).

5.3.2. Mon équipe

« Tout le monde fonctionne avec les mêmes codes **A/B/C** ».
Si vous avez la possibilité de faire de la sorte, un langage et des façons d'agir nouveaux vont se développer dans votre équipe. Dans les services où cela a été mis en place, le gain en *efficience* a été spectaculaire.
... « J'encourage toute occasion de faire la fête avec mon équipe ». Ceci fait tout simplement partie du plaisir du travail. Vous serez surpris de constater que des gens qui n'ont jamais l'occasion de parler, commencent à nouer des liens.

5.3.3. Mes lectures

« Je ne lis que ce qui est relié à mon but et qui peut m'aider maintenant »
Ceci peut être perçu comme le comble du stakhanovisme. Si vous êtes aligné avec votre but, vous constaterez que vos lectures s'orienteront tout naturellement en ce sens. Mais il est bon de rester vigilant, car les occasions de dispersion sont nombreuses (télévision, magazines) ; après coup, vous êtes la victime d'un goût de trop-plein parce que ces nourritures faciles ne vous convenaient pas.
Veillez aussi à ne pas anticiper sur ce que vous pouvez digérer maintenant. Faites des provisions de livres à consommer... quand vous aurez faim, et ne consommez que le consommable du moment.

5.3.4. Mes réunions

« Je veille à être positif vis-à-vis de l'animateur et à l'aider à revenir à l'ordre du jour. »
Vous êtes probablement plus souvent participant qu'animateur. Le grand problème des réunions, c'est qu'elles sont quelquefois productives ou sympathiques et fréquemment ni l'un ni l'autre. Le besoin de faire avancer l'ordre du jour et l'envie d'être en relation avec les autres existent cependant à chaque instant...
Au lieu de vivre les réunions comme une nécessité chronophage, voyez comment vous pouvez vous sentir partie prenante. Que pouvez-vous faire, en douceur, pour que la

réunion avance et devienne à la fois productive et agréable, donc *efficiente* ?

5.3.5. Mes déplacements

« Je tiens compte de la durée et des conditions de trajet pour adapter mon travail, mes lectures ».

Un déplacement peut être l'occasion de voir les choses autrement. Essayez de prévoir et pressentez ce qui sera le plus profitable et le plus agréable pour vous. Il n'est pas nécessaire d'être sur-occupé : regarder le paysage défiler en respirant profondément peut être aussi riche que la lecture du dernier rapport confidentiel sur l'avenir de l'Ecu.

5.3.6. Mes contacts

« J'écoute attentivement mon interlocuteur et je vérifie que j'ai bien compris en reformulant son expression »

Derrière ce texte, une idée passionnante et une pratique difficile : être conscient à tout moment que vous vous adressez à un être humain et non à une fonction ; et sans pour cela perdre de vue votre désir de réaliser concrètement quelque chose.

5.3.7. Mes entretiens téléphoniques

Tout semble dit à ce sujet. J'ajouterai un point rarement évoqué. Le manque visuel nous permet d'être attentif aux nuances particulières d'une voix. A part les mots, écoutez la « musique » de sa voix et vous devinerez les intentions profondes de votre interlocuteur mieux qu'en face à face.

Les enregistrements étant interdits, nous ne pouvons vous les conseiller.

5.3.8. Mon courrier

Une seule consigne : le moins possible, uniquement ce qui a expressément besoin d'être écrit. Là est l'*efficience*.

5.3.9. Mes décisions

Voici un bref récapitulatif de plusieurs approches déjà parcourues. Néanmoins, la première question « Suis-je chargé de résoudre le problème ? » est un bon réflexe à acquérir.
Si vous décidez de vous occuper effectivement et uniquement de ce qui vous concerne, cela pourait accroître le degré de responsabilité de vos collaborateurs et de vos proches, et vous donner une plus grande aisance.

5.4. User de tout, n'abuser de rien

Il serait paradoxal qu'un ouvrage destiné à vous alléger la vie devienne un casse-tête supplémentaire. Aussi précisons-nous que vous pouvez considérer tout ce que vous venez de parcourir (annexes incluses) comme un banal magasin de bricolage à l'intérieur duquel vous pousseriez votre caddy...

Sélectionnez ce que vous ressentez comme utile, fabriquez vos propres outils et laissez le reste sans remords.

Et pensez à votre P.A.P.

PLAN D'ACTION PERSONNEL

A/B/C/ D/E (2)	ACTIONS DECIDEES (1)	MOYENS (3)	DATES DE Début (4)	DATES DE Bilan (5)

A noter dans l'agenda

6
Manifester ses énergies

Manifester signifie révéler en un mouvement qui va de l'intérieur vers l'extérieur.

Comme précédemment, nous utiliserons le terme d'« *énergie* » pour désigner tout ce qui, en nous, peut être susceptible de produire une force, un mouvement, un déclic... aussi grossiers ou subtils soient-ils. Le mouvement de vos bras manifeste votre *énergie* physique, le baiser à vos enfants votre *énergie* d'amour, l'idée qui vient de jaillir l'*énergie* de la pensée.

La désigner sous le même terme n'est pas anodin : tous les hommes sont égaux et uniques, toutes vos *énergies* sont respectables et différentes. Nous allons les passer en revue de façon schématique, en voyant comment elles peuvent vous apprendre à mieux gérer et vivre vos activités.

L'Analyse Ternaire nous sera d'une aide appréciable pour mieux jouer avec ces concepts et leur réalité.

6.1. L'Analyse Ternaire

Pour simplifier, nous parlerons du « Ternaire » pour désigner cette méthode d'analyse que nous avons déjà utilisée aux chapitres 1 et 2 pour présenter certaines approches. Le Ternaire, dérivé des logiques ternaires et de temporalisation, est issu des travaux de plusieurs chercheurs, et particulièrement d'Elisabeth Meichelbeck, présidente de l'Institut de Recherche sur la Communication (IRC) : ces travaux sont cités en bibliographie. Ils sont une synthèse de plusieurs traditions qui aide à regarder et penser différemment.

Le concept de base du Ternaire est que toute réalité peut être regardée sous trois aspects ou pôles qui interagissent constamment.

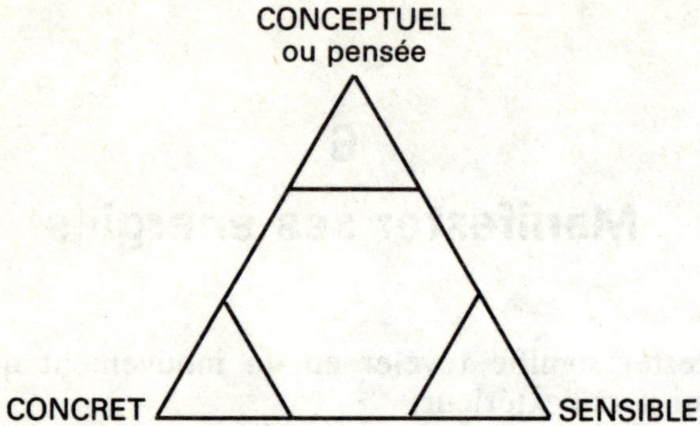

Le CONCRET : ce qui est mesurable (pesable, payable, tangible).

Le SENSIBLE : ce qui est qualitatif (appréciable, aimable, souhaitable, touchant les sentiments...).

Le CONCEPTUEL : ce qui est subtil (concevable, percevable, ou relié à des finalités, buts ou sens).

Plus exactement, on pourrait dire, ce qui est le plus (concret/sensible/conceptuel) dans une réalité donnée que l'on examine.

Deux exemples : **1. Votre stylo**

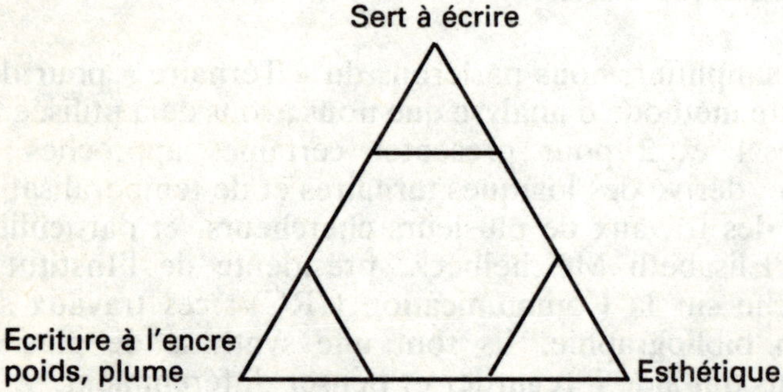

2. Votre entreprise

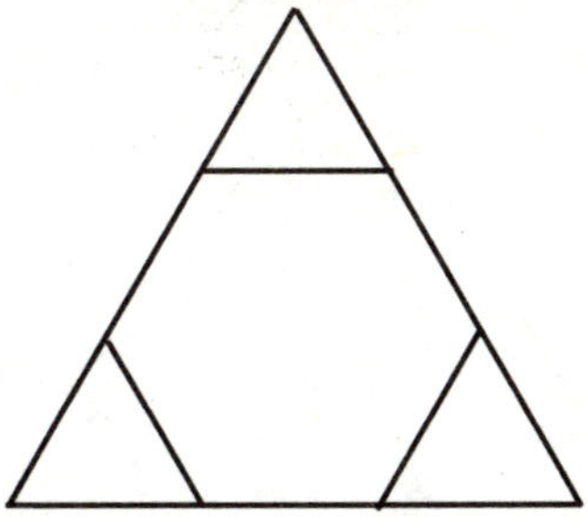

Vous réalisez immédiatement que réduite à trois pôles, cette analyse est insuffisante. De plus, selon l'angle sous lequel on regarde l'entreprise, on aurait pu aussi bien décrire :

Votre entreprise
(présentée au banquier)

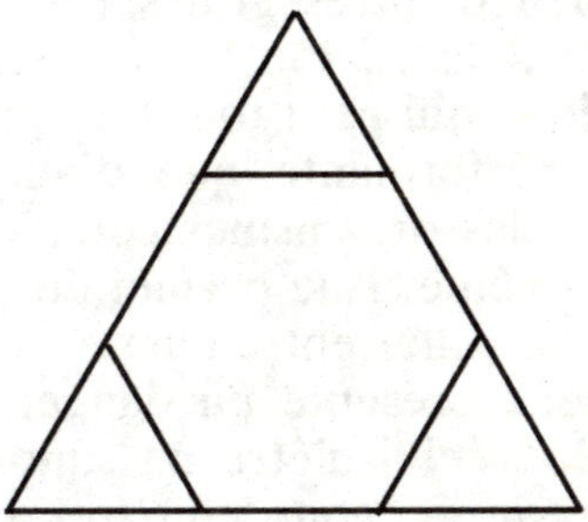

Pour aller plus loin, nous pouvons examiner chaque pôle à son tour en trois dimensions et nous obtenons la grille ternaire que l'on peut dire structurelle et fractale[1] puisqu'elle permet de décrire et d'analyser n'importe quelle réalité.

1. Terme inventé par Mandelbrot d'IBM pour désigner ce qui est capable de reproduire le schéma dans le schéma.

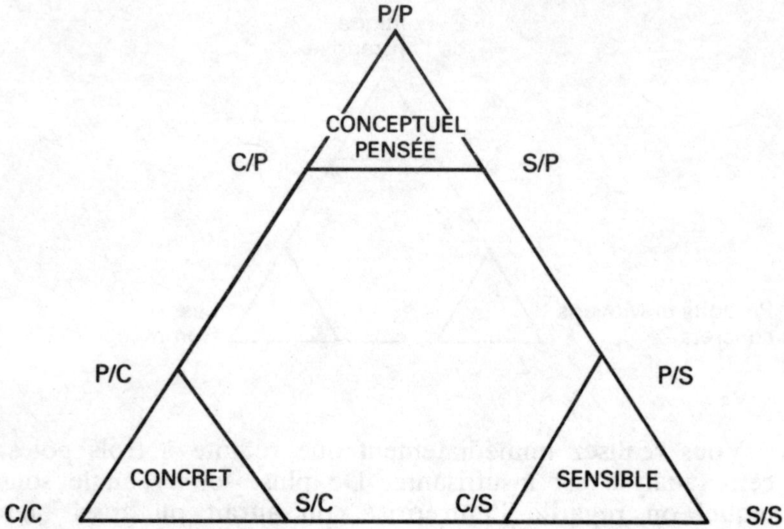

Une analyse en neuf pôles est le plus souvent suffisante et plus riche que bien d'autres grilles (et rien n'empêche de passer à 27 ou 81 pôles) ; toutefois, au même titre que la « Pince universelle », qui peut tout faire, il y a des domaines où elle est plus performante que d'autres. Son domaine privilégié est celui des organismes complexes tels que votre entreprise et vous-même. Elle permet de distinguer finement les *énergies* et de les relier entre elles.

Cet outil fabuleux présente un danger que nous voulons souligner d'emblée : celui d'être un simple « jeu d'esprit ». Vous pouvez choisir de vous emparer de cette grille, de l'ajouter à votre panoplie d'intellectuel performant et vous renforcerez encore votre pouvoir et votre efficacité ; ou bien vous considérez cette grille avec respect et en faites un usage modéré pour mieux identifier ce qui existe en vous et le sentir (au sens large). N'allez pas au delà de ce que vous sentez intimement. Laissez-vous devenir, évoluer au fil du temps et découvrir peu à peu en vous d'autres *énergies* plus fines.

Cet avertissement étant fait, comment pouvons-nous regarder l'Homme, vous-même, à travers le Ternaire ?

6.2. L'Homme dans toutes ses dimensions

Représenté en neuf pôles, voici l'Homme

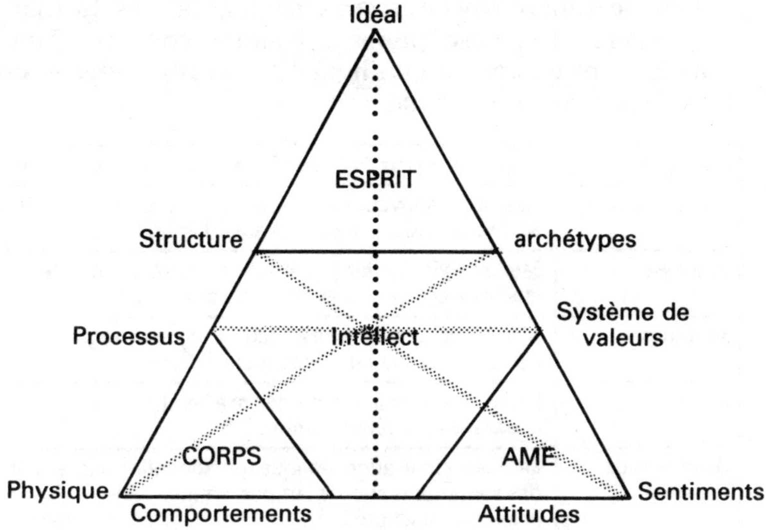

De même qu'une loi scientifique est une déduction de la réalité des faits, la grille Ternaire appliquée à l'Homme est une représentation schématique de notre réalité complexe. Nous vous suggérons de la prendre comme une hypothèse, d'y réfléchir et de travailler avec quelque temps pour vous rendre compte, vous-même, de sa valeur.

6.2.1. Distinguer

Le Ternaire présente de façon évidente des aspects de l'Homme rejetés ou survalorisés, selon les cultures. En Occident, depuis quelques siècles, on se contente de couper l'Homme en deux : le corps et le reste. Un grand intérêt du Ternaire est la reconnaissance de ses trois dimensions. Un autre est d'établir des relations de synergie entre ces neuf pôles, auquel s'ajoute celui qui est leur point d'intégration. En même temps, on perçoit facilement la nature complètement différente de ces pôles exprimée chez l'Homme en termes d'*énergie*.

Dans nos séminaires, nous travaillons le plus souvent sur 27 *énergies*, voire 81 dans certains cas. Une telle approche excède les possibilités de cet ouvrage car elle nécessite une interaction avec les participants.

Afin de rendre vivantes ces *énergies,* faisons le tour du propriétaire. Les descriptions suivantes, correspondant au mot-clé, sont un aperçu non limitatif d'autres *énergies* contenues dans chacun de ces pôles.

Physique	La chair et les os, la force musculaire, le poids, la taille...
Comportement	Gestuel et souvent perceptible, émotions, (peur, colère, agressivité, jouissance...) et aussi l'imaginaire...
Processus	Mode de vie, hygiène, méthodes concrètes, morale (sociale), compétences, savoir et savoir-faire...
Attitudes	Manière d'agir, vécu lié à l'action, façon de regarder les autres, stratégies personnelles...
Sentiments	Dans le sens de leur émergence à l'état naturel, « le cœur », la détermination...
Systèmes de valeurs	Leur hiérarchisation, éthique (personnelle), expression des sentiments choisis (amour, amitié, haine... et leur satisfaction)...
Structures	Leur perception par l'esprit en tant que structures fondamentales : espace, temps, cycles, logiques binaires, ternaires...
Archétypes	Relations aux symboles, archétypes et modèles qui nous inspirent.
Idéal	Certainement pas une idéologie ni un modèle emprunté, mais la perception intime de ce vers quoi vous allez. Essentiellement finalités, buts, principes, cohérence finalisée, « intuitionnée » et conçue.
Intellect	Énergie de coordination, l'intellect est notre ordinateur doté d'une grande variété de programmes. Malheureusement il gouverne souvent l'ensemble et ne connaît pas toujours son propre programme.

6.2.2. Relier

Il est clair que nous sommes un « système complexe » et que toute manifestation d'une *énergie* interagit avec les autres. Par exemple, une peur subite provoque une attitude de méfiance et un sentiment d'insécurité et le processus continue à tous les niveaux, ce qui est parfois délicat à repérer. Une vive intuition met par exemple la personne « dans tous ses états » car toutes ses *énergies* sont en mouvement.

Pourtant le terme d'*énergie* peut continuer à vous surprendre. Au niveau du corps, passe encore, mais l'*énergie* de l'idéal, cela vous semble carrément loufoque.

Les idées mènent le monde. La non-violence de Gandhi comme la lutte des classes de Marx étaient des idéaux vite transformés en idéologies. On peut constater l'impact considérable de telles *énergies* : elles se diffusent dans l'être humain comme dans le corps social.

Exercice :

Nous vous proposons un voyage intérieur pour aller à la rencontre de vos *énergies*.

Prenez la grille comme une carte routière et commencez par le plus simple : le physique.

Sentez les rythmes du cœur, de la respiration, votre capacité à bouger les mains à volonté ; continuez par les comportements et émotions sous-jacentes. Quelle émotion vivez-vous à cet instant ? Tâchez de la nommer. Faites ainsi le voyage, rapidement, en tachant de nommer la qualité exacte de chaque *énergie* à l'instant où vous l'observez.

Continuez par le sensible, faites-en le tour.

Terminez par le conceptuel. Vous sentez-vous différent ?

6.3. L'expression de vos énergies

Nous arrivons à un tournant capital.

Si nous sommes un système d'*énergies,* leur circulation est vitale, comparable à la circulation sanguine qui permet de réaliser un échange permanent entre l'intérieur de l'organisme et son environnement. Ce qui est médicalement évident pour notre corps physique ne l'est pas à première vue pour l'ensemble de notre individu, dans toutes ses dimensions.

Lorsque vous avez fait le tour du propriétaire, vous avez localisé et identifié certaines *énergies* avec netteté, d'autres plus vaguement. Avez-vous repéré que chacune de celles clairement identifiées est distincte des autres et relativement autonome ? On pourrait à leur propos reprendre la célèbre formule post-coloniale : « l'indépendance dans l'interdépendance ».

L'exemple le plus parlant est celui de votre sexualité. Voici une *énergie* physique, qui se manifeste concrètement d'une façon à la fois autonome (il y a une montée de désir tous les matins entre 4 et 6 heures, on ne sait pourquoi) et interagissante avec votre force physique, une émotion, un sentiment etc… Il en va de même de *chacune* de vos *énergies.* Si elle est « autonome » chaque *énergie* fonctionne selon un principe de boucle : attentes/motivations/objectifs, puis résultats. C'est une variante évoluée de la boucle stimulus-réponse. Car le stimulus n'est pas nécessairement extérieur et la réponse dépend des motivations.

Par attente, nous entendons besoins/envies et désirs/aspirations. Supposons que votre besoin sexuel se manifeste, lié ou non à la présence d'une personne de l'autre sexe. Un choix se fait qui transforme ce désir en motivation, en fonction de l'ensemble de votre système ; puis un objectif apparaîtra en vous afin de satisfaire ou réguler votre désir.

Si ce besoin est impérieux et ne peut être satisfait convenablement, il peut prendre le pouvoir et vous amener à des actes socialement déraisonnables et psychologiquement perturbants. Dans ce cas, l'*énergie* (autonome) sexuelle a réalisé un putsch et mis provisoirement à son service toutes les autres *énergies.* Après quoi, comme l'enseigne l'Histoire, suivra une contre-révolution où l'éthique par exemple, prendra le pouvoir.

Encore ne considérons-nous là que des *énergies* pures, non voilées. En fait, elles disposent chacune de quelques figurants derrière lesquels elles se dissimulent : ce sont nos personnages. La situation devient complexe. Du moins réalisez-vous que votre univers intérieur est ainsi depuis qu'il a commencé à se structurer. Que faire ? Refermer la boîte de Pandore en espérant que les cadenas de vos « principes » seront solides ; ou bien choisir de rencontrer chacune de ces *énergies,* de dialoguer avec elles afin qu'elles puissent s'exprimer et de parvenir à un consensus.

Nous avons déjà abordé cette démarche dans le chapitre sur l'écologie intime. Nous vous invitons à visiter régulièrement vos *énergies,* même lorsque tout va bien et qu'il n'y a pas de crise.

Écoutez les besoins, envies, aspirations de vos *énergies.* Leurs attentes sont de donner **et** de recevoir : « que veux-tu donner, que veux-tu recevoir ? » pouvez-vous demander à chacune. Peu à peu, avec beaucoup de patience, vous reconnaîtrez la légitimité de leurs demandes (je suis gourmand ou plutôt ceci en moi est gourmand) et tâcherez d'y apporter satisfaction à plus ou moins long terme. Aussi vous verrez se dévoiler ce que cette *énergie* peut offrir (celle-ci en moi est aujourd'hui prête à préparer un délicieux repas pour la famille).

De proche en proche, ces hordes barbares acceptent de s'entendre, de reconnaître l'autorité d'*énergies* plus subtiles, et de s'établir en un royaume. On peut s'interroger sur la légitimité de certains monarques. Quelle que soit votre couleur politique, vous découvrirez que vous êtes le roi de votre univers intérieur. Le roi, c'est la conscience révélée à elle-même.

6.4. Les activités du royaume

Le signe de bonne santé d'un pays comme de votre royaume est qu'il produit plus qu'il ne consomme. Lorsque l'inverse se produit, à terme, c'est la faillite et la mort. Dans ce royaume complexe et étonnant, votre rôle de roi est de trouver comment conduire et mettre en accord les *énergies,* en vue d'activités qui peuvent être les plus diverses (cuisiner, faire l'amour, écrire un livre, manager une équipe...) et ressenties par elles comme motivantes.

En fait, ces activités sont la traduction tangible de la vitalité d'une ou plusieurs de ces *énergies.* **Toutes les énergies doivent y trouver leur compte,** c'est-à-dire donner et recevoir. S'il y a des frustrées parmi elles, sachez que tôt ou tard elles saboteront les activités des autres ou organiseront leur putsch. Rares sont les royaumes mono-producteurs : on les appelle génies, savants, experts, grands hommes ou fous. La plupart des royaumes préfèrent la variété et passent volontiers d'une activité à l'autre à mesure que des *énergies* se fatiguent et que d'autres prennent le relais.

En revanche, tous ces royaumes ont une spécificité, une certaine façon unique, de réaliser ces activités. C'est leur *projet de vie.*

Avant d'aborder ce thème essentiel et passionnant, nous allons travailler par approximation. Nous supposerons que vous avez l'intuition de ce qu'est *votre projet de vie,* ou plus vraisemblablement de ce qu'il n'est pas. Nous regarderons comment ces activités peuvent se traduire professionnellement en termes de missions.

6.5. Votre ou vos missions

Ce paragraphe aurait pu s'intituler les « clés du royaume ». A part l'allusion littéraire, la notion est juste. Se donner une ou des missions permet de mettre en synergie des activités qui trouvent ainsi leur *sens*. Et ce sont bien des clés de votre royaume, car à mesure que vous réalisez ces activités, elles vous révèlent qui vous êtes et vous incitent à donner plus. Les moyens et ressources viennent avec des objectifs intégrés et une mission claire.

Nous vous proposons une méthodologie précise pour valider votre mission. Choisissez d'abord quel domaine d'activités vous voulez explorer (professionnel, familial, ludique...). L'exercice pourra être renouvelé autant de fois que vous le voudrez. Vous avez choisi ? Par facilité, nous adopterons un cadre professionnel aisément transposable.

6.5.1. Définir votre mission

Rédigez au mieux ce qui constitue, de votre point vue, la finalité de cette activité et du point de vue de votre hiérarchie (ou de vos mandataires), sa raison d'être.

Notez d'une croix si votre mission vous rapproche ou vous éloigne de votre *projet de vie* (PDV), ou si elle est neutre. Si votre mission comporte plusieurs thèmes, vous marquerez plusieurs croix.

Puis vous indiquerez par une lettre code dans la colonne en blanc :

A - pour accentuer
R - pour réorienter
E - pour éliminer

Soyez le plus précis et concret possible en indiquant ce que vous voulez faire. Il n'y a rien à noter si vous vous sentez bien avec votre mission telle qu'elle est.

VALIDER SA MISSION

1. Définir ma mission	par rapport à mon PdV			Que faire pour : Accentuer (A) / Réorienter (R) / Eliminer (E)	
(Finalités / Raison d'être)	rapproche	neutre	éloigne		COMMENT ?

6.5.2. Définir vos fonctions (tableau page 125)

Toute mission comporte plusieurs fonctions, par exemple, production, budget, et management humain. Si vous êtes ingénieur de production vous avez des fonctions de planification.

Procédez de la même façon que ci-dessus. Utilisez une feuille distincte par fonction.

6.5.3. Laissez-vous décider (tableau page 126)

En tenant compte de l'ensemble des méthodes de décision, ressentez à l'extérieur de votre royaume :

a) si l'ensemble de votre mission vous convient suffisamment pour persévérer, que voulez-vous changer dans sa forme ou son contenu pour être totalement en accord ? Exprimez-le en termes d'objectifs, de changement.

b) si votre mission vous convient à moitié, il y a matière à négociation. Pour cela, souvenez-vous qu'il vous faut un objectif, des arguments susceptibles de motiver l'autre partie et des moyens pour faire passer votre argument. Parmi ces moyens d'ordres différents, retenons :

- *le but commun* (que pouvez-vous proposer qui permette à l'un et à l'autre de dépasser ses objectifs individuels en visant un but qui vous réunisse ?),
- *le seuil de rupture* (certaines choses ne sont pas négociables, ou bien vous vous attendez à un minimum de gain). Notez que si ce seuil est atteint, il n'est utile dans les négociations que si vous avez réfléchi à une ou plusieurs solutions de rechange. Ce qui est très brièvement résumé ici est applicable de la même façon aux injonctions à l'intérieur de votre royaume ;

c) si votre mission ne vous convient plus, et diffère trop de votre *projet de vie,* changez-en...

A l'instant où ce type de décision est pris se crée un sentiment d'indépendance très agréable. Ceci n'a évidemment de sens que si vous savez quoi faire et que vous vous êtes précisé quels avantages et bénéfices vous escomptez pour vos *énergies*.

Une fois cet exercice terminé passez à votre P.A.P. (page 127).

VALIDER SA MISSION

1. Définir mes fonctions | **par rapport à mon PdV** | **Que faire pour : Accentuer (A) / Réorienter (R) / Eliminer (E)**

Fonction....... Activités-clés	rapproche	neutre	éloigne		COMMENT ?

VALIDER SA MISSION

3. Décider

Persévérer ET QUE CHANGER ?	**Négocier** SUR QUELS POINTS ?	**Quitter** POUR QUOI FAIRE ?
Traduire en termes d'objectifs positifs : **Contrôle P/E/A :**	Situer le seuil de rupture :	Préciser le bénéfice escompté :

PLAN D'ACTION PERSONNEL

A/B/C/ D/E (2)	ACTIONS DECIDEES (1)	MOYENS (3)	DATES DE	
			Début (4)	Bilan (5)

A noter dans l'agenda

7
Créer sa vie

Nous pouvons nous regarder comme un hasard de l'histoire et un sous-produit de la nécessité ou bien nous reposer la question « Être ou ne pas être ? »

Notre façon d'aborder ce thème éternel est plus opérationnelle : comment faire pour que la vie en nous devienne notre affaire ? Comment pouvons-nous devenir plus conscients de nos *énergies* au point d'en percevoir le sens : comment pouvons-nous créer notre vie ?

7.1. L'hypothèse essentielle

Nous avons, au fil de cet ouvrage, formulé quelques hypothèses ; à charge pour vous de les vérifier. Voici la dernière, essentielle. Cette hypothèse est que chacun de nous, êtres humains, avons quelque chose de spécifique et d'incomparable à réaliser sur la planète.

Vous êtes unique, je suis unique. Chacune de vos *énergies* a quelque chose à exprimer et veut apporter sa contribution à une réalisation unique. Le grand art est de fédérer ses *énergies* vers des activités où elles s'expriment totalement. C'est ce que nous avons appelé « manifester ses énergies ». Elles peuvent donc se révéler par des tâches ponctuelles, des missions ou projets plus vastes ; elles peuvent être toutes reliées entre elles par un *projet de vie*.

Ce terme est très descriptif. Il désigne l'ensemble des activités structurées dans le temps et aboutissant à un but unique qui leur donne leur sens.

Si vous découvrez et vivez votre *projet de vie,* conceptuellement, sensiblement et concrètement, d'emblée vous êtes *efficient,* redoutablement efficient. Chaque instant de votre vie est vécu pleinement, chaque action est dirigée dans le même sens, vous ne pouvez que réussir, dans la joie.

7.2. Questions vitales

Dans nos séminaires « *Découvrir son projet de vie* », coanimés avec Renaud Perronnet, nous proposons aux participants un parcours initiatique (*initiare* signifie « mettre sur le chemin »). Celui-ci comprend des exercices mettant en jeu, notamment, le corps et l'imaginaire, le sensible, le conceptuel et l'intuition.

Nous devons ici raccourcir le processus et ne garder que quelques questions susceptibles d'éveiller souvenirs et intuitions. Le questionnaire simplifié que nous vous proposons est destiné à vous sensibiliser à la notion de « *Projet de vie* », le vôtre. Afin que cet exercice soit le plus *efficient* possible, nous vous demandons d'être attentifs au mode d'emploi.

Exercice

a) Le questionnaire comprend neuf questions, plus une. Vous mettrez vingt-cinq minutes pour y répondre et vingt-cinq autres minutes pour l'exploiter.

   Choisissez un moment et un lieu favorables à votre concentration et à votre bien-être. Il vaut mieux que les questions soient lues par une autre personne avec qui vous êtes en confiance, afin que vous puissiez vous concentrer sur les réponses. Si ce n'est pas possible, veillez à ne pas anticiper la question suivante et à respecter le temps imparti. Préparez une dizaine de feuilles de papier, un stylo ou crayon, un ou deux surligneurs, voilà, vous y êtes ?

b) Nous terminerons par quelques indications sur la façon de répondre : vous disposez de deux minutes et demie pour chaque série de réponses. Respectez ce temps, il est un moyen de déconnecter le rationnel. De même, notez *tout* ce qui vient, à chaque question, même si cela paraît absurde, le tri viendra plus tard. Il est préférable d'écrire des mots-clés, le plus vite possible, plutôt que des phrases.

Si vous n'êtes pas prêt, ne regardez ni ces questions ni leur dépouillement, mais vous pouvez sans dommage vous rendre aux paragraphes 7.5 et 7.6.

c) Prêt ? Nous commençons.

1° Quel est mon *rêve* d'enfant ; ce que j'ai eu très envie de faire ou de devenir « quand je serai grand » ?
(notez tous les rêves d'enfants de 2 à 15 ans).

2° Quelles sont les œuvres ou projets que j'ai achevés, envisagés ou commencés ?
(Faites-en la liste puis notez à quels dons ils correspondent. Don dans le sens être doué).

3° A certains moments j'ai imaginé de faire ou refaire ma vie, de vivre, revivre ou travailler différemment, là où je suis ou bien dans d'autres lieux, espaces ou milieux ; lesquels ?
(quels lieux, espaces ou milieux ?)

4° Quels sont mes valeurs et priorités essentielles à l'égard de moi-même et de mon environnement, c'est-à-dire mon éthique ?

5° Je suis capable de me battre pour… ?
(notez tout ce pour quoi vous êtes capable de vous battre)

6° Quelles sont les attitudes intérieures avec lesquelles je suis le plus à l'aise dans mes relations aux personnes et aux situations ?

7° Quelles sont les compétences confirmées ou potentielles que j'exerce avec plaisir ?

8° Quelles sont les occasions où je ressens une jouissance ?

9° Je viens de toucher le gros lot de cent millions de francs (dix milliards de centimes) ; que vais-je faire, vivre ou être ?

10° J'ai réellement un capital, des revenus, une espérance de vie et quelques autres moyens.
J'en fais la liste.

d) Maintenant, faites une pause rapide de 3 ou 4 minutes.

e) Vous disposez de ce contenu de réponses en vrac. Sélectionnez dans chaque série de réponses *la plus importante*. Vous obtenez 10 réponses importantes.

f) Parmi ces dix, vous en soulignez 4 encore plus importantes, puis une seule, unique, que vous sulignerez. C'est votre réponse essentielle, mais les autres ont leur utilité.

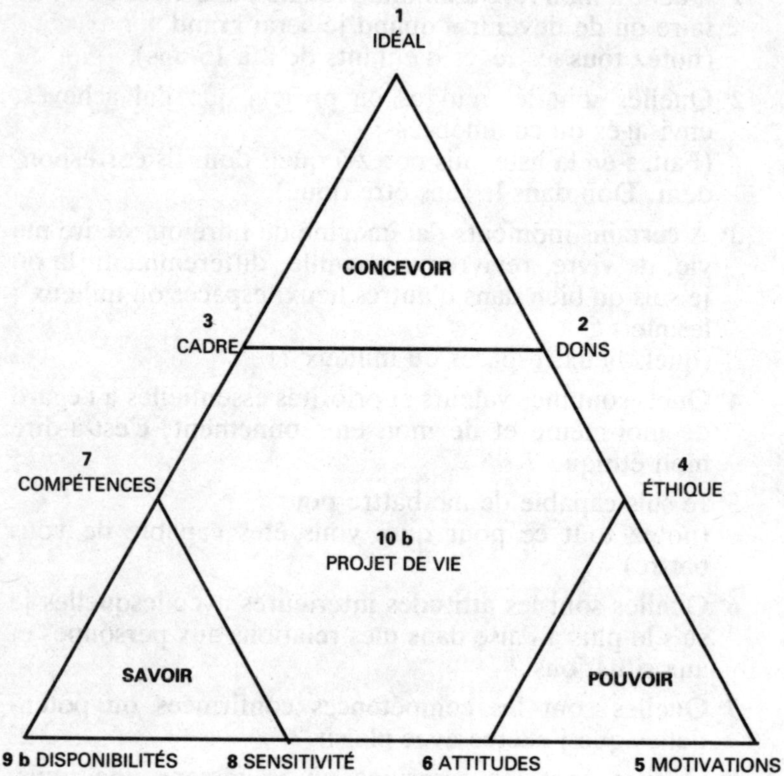

g) Pour chaque question, reportez la réponse la plus importante, à côté de chaque type d'*énergie*, sur la grille cidessus.

Attention aux questions 9 et 10 qui subissent un traitement particulier :

- Parmi les réponses à la question 9, vous sélectionnerez ce qui est effectivement *réalisable* d'ici la fin de votre existence et le plus proche de ce que vous avez choisi d'important. Cette réponse devient *10 bis*.
- La réponse la plus importante à la question 10 devient *9 bis*.

h) Certaines réponses peuvent ne pas coïncider exactement avec *l'énergie* indiquée.
Exemple :
Vous avez écrit en 5 « la liberté » et si votre *projet de vie* (PDV) est de monter votre PME, ceci peut sembler bien différent. Cela signifie peut-être, dans le contexte de votre PDV, « réaliser mes idées ». Donc *traduisez* chaque réponse, pour la resituer dans son actualité.

i) Ce qui apparaît maintenant au centre est-ce votre PDV ?
- Rarement le questionnaire a cet effet magique mais si tel est le cas, vous êtes parmi les heureux de ce monde. Ressentez si chacune des 9 réponses est en correspondance avec votre PDV. Symboliquement, vous pourrez tracer des pointillés qui vont des 9 points vers le centre. Chaque pointillé est le signe d'une cohérence que vous avez parfaitement ressentie. Vous pouvez passer au paragraphe 7.4.
- Si malheureusement, vous faites partie de ceux, plus nombreux, pour qui ce qui est au centre n'est qu'un aperçu de leur PDV, tracez en pointillés les axes qui vous semblent établir une cohérence.
Puis laissez passer une nuit, rêvez, et retrouvez le lendemain votre ébauche.

7.3. Votre cohérence interne

Nous sommes le lendemain. Regardez vos réponses d'un œil neuf, pourquoi pas à la lumière de vos rêves.

a) Y a-t-il des traductions plus justes ?

b) L'idée du PDV au centre a-t-elle pris une coloration différente ?

c) Distinguez à présent ce que nous nommons
   – *les énergies-laser (E.L.)*
   – *les énergies-floues (E.F.)*

- Les premières sont celles dont vous êtes sûr. Le faisceau du laser a pour particularité d'être monochromatique et cohérent, donc doté d'une grande puissance. Ce sont des *énergies* fiables, celles par lesquels vous sentez aussitôt « c'est bien moi, c'est exactement moi ». Entourez d'un signe particulier ces *énergies-laser*.
- Les *énergies-floues* sont aléatoires. Par exemple, vous avez décrit votre cadre de rêve comme une maison isolée au bord d'un lac. Toutefois il y avait aussi, parmi les réponses jugées moins importantes, la mer, la montagne…
  En fait, vous n'êtes pas fixé, peut-être parce que ça n'a pas tellement d'importance. Alors reprenez l'exercice sur l'écologie intime. Seul ou avec une personne de confiance, faites dialoguer entre elles EL et EF.

Regardez ce qui se passe ; observez si votre EF n'est pas en train de changer et de se fixer. Répétez l'exercice à quelques jours d'intervalle.

d) Si votre PDV n'apparaît toujours pas, voici quelques autres précisions :
   – distinguez bien *projet de vie* et projet tout court.

   La formulation de votre PDV commence nécessairement par *« être »* quelque chose ou quelqu'un. Être chef d'entreprise est un PDV, monter une entreprise est un projet d'affaires. La distinction est **essentielle**.

   Par la suite, quand vous sentirez de façon « évidente et intime » ce que vous voulez ÊTRE, c'est-à-dire manifester au monde, il vous sera aisé de bâtir le projet et de rechercher le cadre où vous pourrez le laisser s'épanouir.

   – Il est plus vraisemblable, à la suite de cet exercice, que vous saurez ce que vous ne voulez *surtout pas* être. Le choix se restreint : au fil du temps, votre PDV s'éclaire. Les neuf autres *énergies* vous aident à rester fidèle à vous-même.

   – Un PDV est un ensemble d'activités et de rôles dans lesquels vous êtes investi et qui ont un sens. La seule chose invariable, ou peu changeante, c'est le *sens* de votre PDV. En revanche, certaines de ces activités, notamment vos engagements professionnels, connaîtront probablement des évolutions. Si nous étions parfaits, nous aurions la connaissance totale de notre PDV, depuis notre naissance jusqu'à notre mort. Cette perspective peut vous paraître effrayante mais soyez rassuré : votre PDV, aussi loin que vous puissiez voir, ne couvre que quelques années (de votre avenir).

D'autres précisions vous apparaîtront ultérieurement, en leur temps ; à condition que vous soyez toujours attentif aux signes qui donnent du sens à votre vie.

7.4. Vos défis et vos limites

Un travail approfondi sur le *projet de vie* nécessite d'autres moyens que cet ouvrage ; c'est notre limite. Mais il vous permet de commencer une démarche et de susciter les questions qui peuvent vous acheminer vers votre PDV ; c'est notre défi.

En fait, votre PDV est déjà en route. Comme Monsieur Jourdain faisait de la prose..., vous n'avez pas attendu cet ouvrage pour vivre et agir.

Notre vrai défi est de contribuer à tracer une piste qui vous aide à bâtir consciemment votre PDV. Souvenez-vous : « La vie aime la conscience que l'on a d'elle ». Nous allons donc aborder les aspects opérationnels et concrets de cette démarche.

7.4.1. Vos défis

Les *énergies-laser* sont celles avec lesquelles vous pouvez construire. Il convient qu'elles puissent se manifester en vous et dans votre environnement. Comment transformer ce potentiel en défi, ou challenge si vous préférez ?

Exercice

Reprenez le dispositif de l'écologie intime. Adressez-vous à une première EL et demandez-lui :

- quel est ton défi ?
- quel est ton objectif ?
- que veux-tu manifester ?

Fermez les yeux pendant que les réponses vous viennent. Notez-les mentalement ou écrivez seulement les mots-clé en entrouvrant les yeux. Vous pouvez, également, vous enregistrer sur un cassettophone.

Un défi apparaît-il clairement ? Quel qu'il soit, notez-le sans juger. Passez en revue de cette façon chaque EL.

Y-a-t-il un défi qui domine, un objectif qui s'impose en vous ? Vérifiez qu'il n'est pas contradictoire avec les autres EL. Laissez s'écouler vingt-quatre heures puis passez le contrôle PEA pour vérifier.

7.4.2. Vos limites

Elles correspondent notamment mais pas uniquement, à vos *énergies floues* (EF). Bien qu'elles soient faibles et aléatoires, vous pouvez les interroger, pour savoir si vous vous en accommodez ou si vous cherchez à les faire évoluer.

Exercice

Le travail d'intériorisation étant généralement difficile à pratiquer plus d'une demie-heure, nous adoptons une autre technique concernant les limites. Prenez papier et crayon et choisissez une EF qui vous paraît gênante mais que vous sentez susceptible d'évoluer assez facilement. Notez :

Sur la moitié de la feuille les questions que vous vous posez	Sur l'autre moitié les réponses
a) que veut dire cette EF ? (ou les mots clés que j'ai notés)	
b) que faudrait-il faire pour qu'elle devienne « laser » ?	
c) que puis-je faire maintenant pour aller dans ce sens ?	

Y-a-t-il une piste qui se dégage clairement ? Peut-être pourriez-vous livrer vos réflexions à une personne de confiance...

Le cas échéant, reposez-vous les questions concernant les autres EF. Tâchez de sentir s'il vaut mieux vivre avec elles provisoirement ou bien entreprendre quelque chose. Pour reprendre une image automobile, vous ne pouvez rouler longtemps avec un pneu crevé et la puissance de votre moteur n'y change rien ; mais vous pouvez parcourir des milliers de kilomètres avec une bosse sur la carrosserie. Les EF n'ont pas toutes les mêmes conséquences. Mais, une chaîne est aussi forte que le plus faible de ses maillons.

7.4.3. La juste première étape

Vous avez à présent assez de matériaux et d'outils pour décider.

Quelle est la juste première étape ?
C'est celle qui permet à vos EL de mieux se manifester et/ou à vos EF de se clarifier. Choisissez cette première étape. Une seule à la fois, modestement. Quand elle sera en route, vous pourrez passer à la deuxième.

Cette étape peut-être vécue comme :

- un projet : je vais créer...
- un objectif : je veux atteindre...
- un moyen : cela me permet de...

Si ce schéma vous convient, vous pouvez formaliser cette étape sous la forme

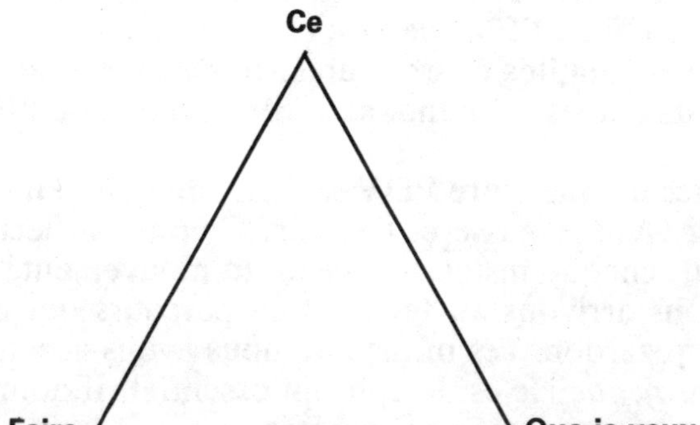

Développez suffisamment chaque pôle pour qu'il ait sens et chair.

Et le lendemain de préférence, reprenez le contrôle P.E.A.

A ce stade, soyez particulièrement vigilant. Il est facile de se raconter des « histoires ». Êtes-vous en contact authentique avec vos *énergies*, ou bien avec une des nombreuses facettes de vos personnages (par exemple : le personnage qui cherche son PDV) ?... La nuance peut paraître subtile, elle n'en est pas moins réelle. Soyez attentif à ressentir si cette première étape que vous avez définie « sonne juste » en vous.

7.5. Vivre son « projet de vie »

A mesure que les années passent, votre capital-vie diminue. Ce qui est une lointaine échéance à vingt ans (ce capital semble infini) devient proche à soixante ans (que reste-t-il du capital ?)

A vingt ans, le concept de PDV semble idéal et difficile ; à soixante, il est réel et tardif. Il n'y a aucun âge idéal pour réfléchir à son PDV. En revanche, à certaines périodes critiques de la vie, ce questionnement prend tout son sens.

Et pourtant, à cet instant, vous vivez...
Pouvez-vous vivre consciemment votre PDV ? A cet instant, quel que soit le terme de votre existence, vous êtes certainement en train de le construire. Le paradoxe apparent est que vous pouvez franchir toutes les étapes intermédiaires de votre PDV sans jamais l'atteindre et pourtant le vivre pleinement. Sa vie durant, Jean Monet a consacré ses efforts à la construction de l'Europe et il a su, malgré les obstacles, faire évoluer mentalités et structures. Il a vécu son idéal, a réalisé plusieurs étapes : cependant la construction de l'Europe reste à faire.

A mesure que votre PDV se construit et à tout instant, vous pouvez vivre le passé et l'avenir. Comme la flèche vole vers son but, chaque instant est celui du mouvement. Maintenant que nous arrivons au terme d'un parcours qui n'est qu'une étape, regardons ces outils que nous avons accumulés.

Le *projet de vie* est le concept essentiel. Il donne un sens à votre vie et à toutes vos activités.

Chaque mission dont vous êtes investi et que vous avez choisie est une occasion privilégiée de révéler vos *énergies*. Vous serez d'autant plus efficient que chaque mission sera la plus intégrée à votre PDV, c'est-à-dire en ligne avec votre finalité.

Les quelques méthodes que nous avons sélectionnées, sont des outils « sensibles » pour pouvoir démultiplier vos *énergies*.

Boucler vos cycles d'action est une façon intéressante de déblayer l'esprit pour pouvoir vous consacrer à vos missions.

Laisser les décisions se prendre est une approche importante pour vous réunifier et travailler avec l'ensemble de vos moyens.

Entretenir son véhicule est nécessaire puisque votre corps est le support concret de votre PDV.

Optimiser son temps constitue un outil concret utile afin de disposer à tout instant des clignotants vous permettant d'être bien dans le sens de votre PDV.

La question de l'*efficience* était notre point de départ. Allons désormais à l'essentiel : l'*efficience* c'est vivre son *projet de vie*, avec des outils pertinents.

C'est le moment de remplir votre P.A.P.

PLAN D'ACTION PERSONNEL

A/B/C/ D/E (2)	ACTIONS DECIDEES (1)	MOYENS (3)	DATES DE	
			Début (4)	Bilan (5)

A noter dans l'agenda

8

Conclusion : le bonheur de surcroit

8.1. Notre conclusion

Je puis évidemment me tromper mais je ne pense pas que la quête du bonheur en soi, si légitime soit-elle, puisse aboutir à autre chose qu'à des frustrations.

En revanche, mon expérience personnelle comme celle de nombreux autres hommes montre que vivre son idéal est la source du bonheur. Comme je l'ai souvent fait remarquer, soyons attentifs à ne pas confondre idéologie et idéal ; l'idéal étant ce qui se vit de façon intime et vers quoi s'orientent toutes nos *énergies*.

Le concept final que j'ai développé est celui de *projet de vie*. Il n'est pas nouveau dans la réalité, tant d'hommes l'ont déjà vécu ! Il est original en tant qu'approche systématique et moyen supplémentaire de saisir de l'intérieur ce mouvement qui est le nôtre. Je suis pourtant parfaitement conscient de la difficulté à faire passer l'expérience vivante de nos séminaires dans le cadre de cet ouvrage.

A cet égard, l'hypothèse de *projet de vie*, même si elle est, à mes yeux, largement validée, ne peut être vérifiée que par vous. Si vous entrez dans cette démarche et vivez ce parcours, vous constaterez que, progressivement, votre stress et vos tensions diverses s'atténuent tandis que votre *énergie globale* augmente. Un sentiment de bonheur apparaît de plus en plus fréquemment. Lorsque vous vivrez en permanence votre *projet de vie*, ce bonheur illuminera chaque instant. (C'est une résultante et non un objectif).

Quant au concept central d'*efficience*, il me paraît un moyen pertinent pour exprimer ce juste équilibre à trouver entre un résultat tangible et un vécu harmonieux. L'*efficience* peut devenir votre principal indicateur pour être constamment dans la dynamique de votre *projet de vie*, dans le plaisir de vos *énergies* en action, dans l'observation réaliste de ce que vous produisez.

La résultante de l'*efficience* peut s'exprimer de deux façons, à votre choix :

– le stress, connais pas !
ou
– le bonheur de surcroît.

Je préfère cette dernière.

8.2. La vôtre

Ceci était la conclusion de l'auteur.

Maintenant voici la vôtre.

Reprenez les huit P.A.P. que vous avez du remplir à la fin de chaque chapitre.

1. Avec le recul, reportez, à présent, dans le tableau récapitulatif les actions qui vous semblent plus importantes que les autres, y compris celles que vous aviez déjà mises en œuvre au cours de cette lecture.
2. Hiérarchisez chaque action en lui affectant un code A/B/C ou D selon la méthodologie que nous avons vue. Pensez à mettre en relief celles qui vous paraissent les plus agréables, puis affectez leur un ordre A_1, A_2...
3. Précisez les moyens que vous envisagez pour mettre en œuvre chaque action. Soyez spécifique et concret. Contentez-vous pour l'instant des deux ou trois actions que vous situez en priorité.
4. Précisez quel jour cela commence et reportez l'action correspondante sur votre agenda.
5. Notez la date à laquelle vous ferez le point avec vous-même et reportez-la également dans votre agenda. Revenez régulièrement à votre P.A.P.

Et jouissez pleinement de cette *efficience* nouvelle que vous êtes en train de développer, et qui vous achemine vers votre *projet de vie*.

PLAN D'ACTION PERSONNEL

A/B/C/ D/E (2)	ACTIONS DECIDEES (1)	MOYENS (3)	DATES DE	
			Début (4)	Bilan (5)

A noter dans l'agenda

Annexes méthodologiques

1 – Dimensions de la personnalité
2 – Mini test sur le stress
3 – Être plus efficace en situation
4 – Le fonctionnement de la délégation
5 – Relevés de l'emploi du temps

LA FIN EFFICACE DE M. PUMP

④

Avec l'aimable autorisation des Éditions CASTERMAN

1 – DIMENSIONS DE LA PERSONNALITÉ

Critères	Pondération	Notes des candidats			Commentaires
		X	Y	Z	
Aptitude aux contacts					
Intelligence sociale					
Confiance en soi					
Optimisme					
Équilibre					
Activité générale					
Contrôle des impulsions					
Ascendant					
Sociabilité					
Contrôle émotionnel					
Objectivité					
Réalisme					
Compétence interpersonnelle					
Qualité tactique					
Expérience					
Conceptualisation					
Pensée logique					
Directivité					
Adaptabilité					
Analyse (capacité d')					
Synthèse (capacité de)					
Expression orale					
Rédaction					
Total pondéré					

2 – MINI TEST SUR LE STRESS

1. Repérez vos symptômes	oui toujours	sou-vent	q.q. fois	rare-ment	non jamais
Depuis quelque temps :					
1. Je ressens une fatigue excessive					
2. Je suis naturellement sur la défensive					
3. J'ai du mal à fournir un travail de qualité					
4. Je transpire énormément					
5. Je manque d'humour et du goût de plaisanter					
6. Certaines idées m'obsèdent					
7. Ma digestion est lente, j'ai mal au foie					
8. Je rate mes rendez-vous et oublie tout					
9. Je me sens insatisfait et inquiet					
10. J'ai mal au cou et aux épaules					
11. Je ne peux m'empêcher de critiquer					
12. J'ai des trous de mémoire					
13. J'ai des troubles intestinaux					
14. Je suis agressif pour un rien					
15. Mes idées sont confuses, contradictoires					
16. J'ai mal aux reins					
17. Je suis irritable					
18. Je suis indécis ou regrette mes décisions					
19. J'ai un grand besoin de sommeil, et du mal à me réveiller					
20. J'ai des sautes d'humeur imprévisibles					
21. Je manque de concentration					
22. J'ai des insomnies					
23. Si j'osais, je pleurerais comme un enfant					
24. Je manque de confiance en moi					
25. Mes relations sexuelles sont mécaniques et plutôt fatiguantes.					

2.1. Dépouillement

Notez dans la colonne « points » :
4 pour : *oui* toujours
3 pour : *oui* souvent
2 pour : *oui* quelquefois
1 pour : *oui* rarement
0 pour : *non* jamais

Faites le total dans chaque colonne, puis totalisez l'ensemble des trois.

Physique		Psychique et relationnel		Intellectuel et lié au sens		ENSEMBLE
N°	Points	N°	Points	N°	Points	
1		2		3		
4		5		6		
7		8		9		
10		11		12		
13		14		15		
16		17		18		
19		20		21		
22		23		24		
		25				
Total :		Total :		Total :		

• **En dessous de 29 points :** vous maîtrisez bien votre existence et vous avez un solide fond de stabilité. Si vous avez *moins* de 10 points, vous manquez de stress : la vie doit vous paraître monotone ; il est important que vous redonniez sens et dynamisme à celle-ci.

• **De 30 à 59 points :** vous vous sentez à certains moments agressé et votre niveau de stress est excessif. Il y a certains aspects de votre vie à réviser. Repérez ceux qui sont à traiter en priorité ; aidez-vous des chapitres de ce livre qui vous concernent le plus.

• **De 60 à 100 points :** Vous êtes constamment stressé, il est urgent de réagir : vous êtes menacé dans votre santé et votre équilibre. Avec l'aide d'un médecin et/ou d'un ami, remettez de l'ordre en commençant par le domaine (physique, psychique ou intellectuel) le plus malmené. Vous avez tout à découvrir de l'*efficience ;* ce livre peut vous aider puissamment.

2.2. Identifiez les causes

Celles-ci peuvent être de plusieurs ordres ; pour simplifier nous les regroupons en trois catégories : environnement matériel, relations finalités et sens. Nous vous proposons d'identifier les causes exactes de votre stress (négatif ou positif) en vous aidant de quelques *exemples* non limitatifs. Dans chaque catégorie nous distinguons les causes liées plutôt à votre profession ou plutôt à votre vie privée.

2.2.1 Environnement

Modifications technologiques, masse de travail irrégulière, heures supplémentaires, horaires incommodes, voyages et décalages horaires, trajets quotidiens longs et/ou pénibles, baisse de chiffre d'affaires, conjoncture incertaine, gestion incorrecte de votre temps...

Quartier d'habitation bruyant, désagréable, maison ou appartement trop petit - ou trop grand -, manque d'aide à la maison, cumul de travaux, remboursement de crédits élevés, baisse de revenus, voyage ou déménagement...

Quelles sont exactement les causes de votre stress ?

2.2.2 Relations

Démissions ou licenciement, réorganisation de votre entreprise, conflit interpersonnel, déceptions, pressions dans l'obtention des résultats, changements de votre hiérarchie, entretien annuel, préparation d'un exposé oral...

Rencontre amoureuse, fiancailles, mariage, infidélités, divorce, naissance d'un enfant, maladie ou décès d'un proche, préoccupation liées à la scolarité, nouvelles relations...

Quelles sont exactement les causes de votre stress ?

2.2.3. Finalités (et sens)

Négociation de votre marge d'autonomie, importantes décisions à prendre, mauvaises décisions, projets incertains ou flous, insatisfactions quant au sens de votre travail, changements dans vos priorités, accumulation de projets à mener de front...

Interrogations sur le sens de votre vie, de votre couple, de votre famille, difficultés à en parler, remise en cause de vos qualités, potentiels ou orientations, conflit intérieur dans vos choix de vie, déchirements entre l'idéal et ce que vous vivez...

Quelles sont exactement les causes de votre stress ?

Ayant terminé votre auto-diagnostic, se pose la question rituelle : est-ce grave docteur ?

2.3. Changez

Soulignons d'abord que cet ouvrage est un traitement préventif et de fond. En cas d'urgence, vous pouvez utiliser deux approches, comme le fait judicieusement remarquer Barbara Braham : changer la situation (si vous le pouvez) et/ou vous changer (accepter la situation).

2.3.1 Changer la situation (à l'origine de votre stress)

Quatre questions sont susceptibles de vous aider :

a) Quelle situation ou aspect de celle-ci voulez-vous changer ? Précisez.
b) Est-ce faisable ? Dans quelles conditions ?
c) Est-ce réaliste pour vous ?
d) Quels moyens allez-vous mettre en œuvre ? Détaillez.

Une fois terminé votre scénario complet, faites le contrôle P.E.A.

Le lendemain formulez clairement la décision qui s'est prise en vous.

2.3.2 **Vous changer** (accepter la situation)

Dans ce cas, il convient d'agir *aux trois* niveaux que vous pouvez rapprocher de la grille R (réalisations), M (motivations), S (sens-é) ; voici quelques conseils qui vous aideront dans cette période d'urgence :

a) CORPS (R) :
- faites des pauses,
- veiller à la qualité de votre sommeil,
- ayiez une activité physique quotidienne,
- pratiquez la respiration consciente basse, ou le yoga.

b) PSYCHE (M) :
- exprimez-vous, parler avec un ami ou conseiller,
- identifiez nettement le problème central (il est à 50 % résolu),
- adoptez un loisir qui vous détende intérieurement.

c) ESPRIT (S) :
- changez-vous les idées,
- positivez la situation : regardez-en tous les avantages,
- mettez-vous en accord avec vous-même sur vos choix de vie.

Reformulez votre décision et faites le contrôle P.E.A.

3 – ÊTRE PLUS EFFICACE EN SITUATION

Pourquoi efficace plutôt qu'*efficient ?*

Nous pensons qu'il ne faut pas être extrème. Le concept d'*efficience,* largement développé au cours du livre, comprend aussi des éléments d'efficacité qui ne sont pas forcément contradictoires.

C'est pourquoi nous vous proposons d'examiner certaines situations, sous un angle très pratique, à travers les neufs fiches qui suivent.

Le mode d'emploi en est le suivant :

1° Notez si vous mettez en pratique (O) ou non (N) le principe ou comportement proposé.

2° Parmi ceux que vous avez noté N, codez par A/B/C leur importance pour vous.

3° Décidez d'en retenir un ou plusieurs que vous repartirez selon le délai de mise en œuvre A1, A2..

4° Commencez par A1 et précisez, au besoin, comment et quant vous allez vous y mettre (colonne 4, observations).

PLUS EFFICACE DANS MON TRAVAIL PERSONNEL

2.3 Code		1. Fait O/N	4. Obs.
	Mon dernier travail de la veille est d'établir ma liste d'activités dominantes à partir de mon plan mensuel. Mon premier travail est de concrétiser ceci en plan de journée peut-être après l'avoir visualisé dans ma phase d'éveil.		
	Je vérifie que chaque tâche est reliée à mon but ou à mes objectifs.		
	Pour chaque tâche, je me demande : Que se passe-t-il si je ne la fais pas ? Si la réponse est « rien », j'évacue (E) Puis : Que puis-je déléguer (D)		
	Je prévois une marge de sécurité sur l'ensemble de la journée.		
	Je me donne suffisamment de temps pour me concentrer sur les tâches (A)		
	Je reporte les (A) que je pourrais traiter correctement le jour même (laps de temps trop court).		
	Je me concentre sur une chose à la fois. Je note à part mes associations d'idées sans chercher à les ordonner.		
	Une fois terminée, ma liste de priorités devient un programme intangible sur les A : je le suis sans esquiver les points difficiles.		
	Je fixe des dates et heures limites aussi bien pour moi que pour les autres.		
	Je laisse de côté les choses très secondaires (C), pour les régler chaque mois en une fois.		
	Je tiens mon bureau net et je place uniquement le travail actuel au milieu du bureau.		
	Mon agenda-matière est organisé pour les 20/80 de mes activités.		
	Je termine ce que j'ai commencé. Au besoin, je me donne des stimulants et récompenses correspondant aux différentes étapes *achevées* de mon travail.		
	Quoiqu'il arrive, je préserve chaque jour 1/2 heure de « temps rouge » pour réactualiser mes planifications et décisions P.A.P.		
	Je me demande régulièrement : « *Suis-je en train de faire le meilleur usage de mon temps, maintenant ?* »		
	Dans l'organisation des dominantes, je tiens compte de mes biorythmes.		
	Autre idée neuve :		

PLUS EFFICACE DANS MON EQUIPE

2.3 Code		1. Fait O/N	4. Obs.
	A. Sous ma responsabilité		
	Tout le monde fonctionne avec les mêmes codes A/B/C. Porte fermée signifie A.		
	Je discute le plan mensuel avec mes collaborateurs directs 1 semaine avant la fin du mois, pour que ceux-ci puissent l'ajuster à leur niveau.		
	Nous avons instauré le même « temps rouge », par exemple la 1ère demi-heure du matin.		
	J'ai prévu toutes les rencontres ou réunions régulières à date fixe au cours de l'année, sans modification.		
	Un livre des procédures manuscrit consigne les nouvelles règles du jeu établies au fur et à mesure, quand la nécessité se fait sentir.		
	Les définitions de mission négociées sont réactualisées deux fois par an. Je confie toute nouvelle activité (projet) au collaborateur dont la définition de fonction l'intègre le plus largement.		
	Lorsqu'un projet fait appel à la collaboration de plusieurs services différents, un chef de projet unique est chargé de la coordination.		
	J'incite chacun à régler totalement une question qui entre dans sa limite d'autorité.		
	Si je suis absent, mon adjoint est *tenu* de prendre les décisions à ma place.		
	Je passe le temps qu'il faut à informer et former lors d'une nouvelle délégation, ainsi qu'à réguler (contrôle factuel et perception de l'implication).		
	Je parle vrai.		
	En cas de conflit, je l'affronte calmement en m'efforçant de rappeler ou faire apparaître notre but commun.		
	Sans empiéter sur le temps de travail, j'encourage toute occasion de faire la fête avec mon équipe.		
	B. Hors ma responsabilité		
	Je tâche de collaborer à la mise en œuvre des principes ci-dessus.		
	Je demande fréquemment à repréciser les règles du jeu et objectifs.		
	En cas d'incohérences dans les directives, je garde une attitude A.A. et demande à la hiérarchie de redéfinir les priorités.		
	Autre idée neuve :		

PLUS EFFICACE DANS MES LECTURES

2.3 Code		1. Fait O/N	4. Obs.
	Je me demande d'abord si ma lecture est utile, agréable ou s'il s'agit d'une futilité.		
	Je ne lis que ce qui est relié à mon but, et ce qui peut m'aider *maintenant.*		
	Une partie de ces lectures est répartie entre mes collaborateurs qui font un compte-rendu à tous.		
	Je ne lis pas systématiquement les journaux, mais je parcours les titres dans les kiosques.		
	S'il s'agit d'une lecture professionnelle, je repère dans le livre les thèmes qui m'intéressent et ne lis que ceux-là.		
	Je sais varier ma vitesse de lecture en fonction de la difficulté et du plaisir recherché.		
	En lecture rapide, je m'intéresse surtout au début de chaque paragraphe.		
	Après ma lecture, je mémorise l'essentiel et décide ce que cela m'incite à faire. Si c'est important, je prends le temps d'établir une fiche.		
	Je suis convaincu que l'important est de savoir où se trouve le savoir.		
	Si je n'arrive pas à me concentrer, je me demande pourquoi et examine si c'est là ce que j'ai le mieux à faire.		
	Je traite les livres comme des instruments de travail, c'est-à-dire, que je n'hésite pas à prendre des notes dans la marge ou sur la couverture.		
	Autre idée neuve :		

PLUS EFFICACE DANS MES REUNIONS

2.3 Code		1. Fait O/N	4. Obs.
	A. Si j'ai l'initiative d'une réunion Je réfléchis si les participants conviés sont concernés par tous les points, sinon, je les réunis séparément. Chaque fois que possible, j'organise plutôt une réunion téléphonique (tél : 05 300 300), même pour des participants physiquement proches. Dans les deux cas, je veille à ce que la réunion soit préparée soigneusement, notamment objectifs, contenu, supports... Je fais en sorte qu'au cours de la réunion : - celle-ci commence à l'heure ; - l'arrière-plan de la réunion, son but et les résultats escomptés soient rappelés ; - les points à l'ordre du jour soient hiérarchisés et aient un budget temps par point alloué (avec une marge pour les points inattendus et les moments de détente - pas plus d'1h30 sans bouger) ; - l'heure de fin de réunion soit rappelée et précisée ; - les rôles de décideur, animateur, secrétaire soient tenus par des personnes différentes ; - s'il y a un problème, il soit bien posé (quels sont les faits ?) ; - le groupe reste centré sur la tâche (l'O.J.) ; - ceux qui ont un avis à exprimer puissent le faire s'il est en rapport avec le point abordé ; - chacun apporte son concours à l'avancement de la réunion plutôt que de mettre en difficulté un des participants ; - si c'est une réunion de résolution de problèmes, la phase d'inventaire et la créativité soient nettement distinguées de la phase de choix de solution ; - s'il s'agit d'une réunion de décision, que celle-ci soit reformulée, écrite et complétée par responsable, délais, moyens éventuels ; - s'il y a lieu, le rendez-vous pour la prochaine réunion soit pris, assorti d'une claire répartition des responsabilités et tâches à accomplir d'ici-là ; - je veille à être positif vis-à-vis de l'animateur et l'aide à revenir à l'O.J. **B. Si je suis convié à une réunion** J'examine si celle-ci est nécessaire, si ma présence est indispensable, sinon je m'abstiens ou je me fais représenter. ***Autre idée neuve :***		

PLUS EFFICACE DANS MES DEPLACEMENTS

2.3 Code		1. Fait O/N	4. Obs.
	J'utilise, chaque fois que cela est plus efficace, le téléphone, la téléréunion, le fax, ou le courrier plutôt qu'un déplacement.		
	Je regroupe les personnes à voir autour d'une priorité au cours d'un même déplacement.		
	J'ai une valise spéciale pour mes voyages d'affaire avec une liste standard.		
	Pour chaque déplacement, je choisis le moyen (marche, vélo, train, moto, taxi, métro, voiture, avion...) qui optimise mes critères : - faire le plus de chose possibles dans le laps de temps, - aller le plus vite possible, - être le plus économique, - être le plus agréable.		
	J'ai un dictaphone dans ma serviette pour dicter mon courrier ou ce qui me vient à l'esprit) ; à défaut, un bloc-notes.		
	J'ai une voiture à boîte automatique ou une moto si je roule beaucoup en ville. J'essaie des trajets plus directs, ou qui sont moins encombrés.		
	Si j'ai un doute à propos d'un rendez-vous (pas de nouvelles, menace de grève) je passe d'abord un coup de fil.		
	Je m'arrange pour adapter mes horaires de déplacements et trajets pour éviter les grandes foules.		
	De temps à autre, je m'organise un mini-séminaire avec moi-même : une journée de travail à mon bureau-domicile (ou ailleurs) pour traiter complètement un dossier.		
	Quitte à travailler plus tard certains soirs, il y a au moins *un jour* où je reviens toujours à l'heure à mon domicile (enfants, loisirs...).		
	Je tiens compte de la durée et des conditions du trajet pour adapter mon travail/mes lectures.		
	Autre idée neuve :		

PLUS EFFICACE DANS MES CONTACTS

2.3 Code		1. Fait O/N	4. Obs.
	Je suis à l'heure.		
	Je vérifie avec mon interlocuteur l'heure de la fin de notre rencontre.		
	Je définis avec mon interlocuteur l'objectif de l'entretien et l'ordre du jour.		
	Je hiérarchise avec lui les points à aborder.		
	J'écarte les visites imprévues et je fais filtrer.		
	Je suis ouvert, attentif à l'expression verbale, et kinésique (non-verbale) de mon interlocuteur et j'essaie d'intégrer son point de vue (par exemple en répétant en moi-même ce qu'il dit).		
	J'écoute tant que mon interloculeur n'a pas terminé et je vérifie que j'ai bien compris en reformulant son expression.		
	J'exprime mon opinion clairement et fermement en veillant à ne pas agresser mon interlocuteur.		
	Je l'encourage à faire de même.		
	Je sais faire part tranquillement de mes sentiments (satisfaction, mécontentement) et en position hiérarchique, je pratique le compliment ou reproche-minute.		
	Face à une difficulté, je pose la question Adulte : quelle est la meilleure solution ?		
	Lorsque nous manquons d'information sur un sujet, nous faisons la liste de ce qu'il faut réunir pour un prochain entretien, plutôt que de discuter dans le vide.		
	Je prends des notes, notamment pour m'inciter à écouter.		
	J'utilise mon agenda matière s'il s'agit d'un contact régulier.		
	A la fin de notre entretien, je précise avec mon interlocuteur la suite, ce que je fais, ce qu'il fait, qui a l'initiative d'un nouveau contact et quand.		
	Je pratique systématiquement le *double-contrôle* : les dates d'action figurent sur mon agenda-matière (ou dans le dossier) *et* sur mon agenda tout court.		
	Je garde toujours 15 minutes entre deux rendez-vous pour classer mes notes et me préparer à la suite.		
	Autre idée neuve :		

PLUS EFFICACE DANS MES ENTRETIENS TELEPHONIQUES

2.3 Code		1. Fait O/N	4. Obs.
	A. En réception d'appel		
	Mon assistante a le soin de filtrer les appels qui me sont adressés. Elle est courtoise et s'efforce de traiter elle-même la question.		
	En l'absence d'assistante, j'utilise une messagerie lorsque je suis absent ou que je ne désire pas être dérangé. Je réponds au moment qui me convient le mieux.		
	Lorsque je décroche l'appareil, je m'annonce : prénom et nom, afin d'être clair et accueillant. Je souris.		
	Si quelqu'un m'appelle au mauvais moment : « Pouvez-vous me rappeler à telle heure et à tel numéro ? » ou bien « Quand puis-je vous rappeler et à quel numéro ? ».		
	A quelqu'un qui se perd en bavardages, je demande : « Quel est l'objet de votre appel ? ».		
	J'écoute, je fais parler, je cherche à établir *les faits.*		
	Je ne laisse pas trainer la conversation et j'aborde directement la question qui m'intéresse.		
	B. En émission d'appel		
	Je prépare mon entretien, je fais un plan, je note le cas échéant les phrases-clé.		
	Pour joindre mon interlocuteur, je sais dire avec assurance à la secrétaire : « Je désire lui parler ».		
	En l'absence de mon correspondant, je laisse un message, s'il a lui, intérêt à me rappeler. Sinon, je garde *l'initiative* de l'appel.		
	Je suis sympathique, dynamique, je vais droit au but.		
	Dès que l'entretien devient trop complexe, je recours à d'autres moyens courrier, fax, voire rendez-vous.		
	Dans tous les cas, je termine l'entretien par une conclusion claire : qui fait quoi, quand...		
	Autre idée neuve :		

PLUS EFFICACE DANS MON COURRIER

2.3 Code		1. Fait O/N	4. Obs.
	Je me demande d'abord si le courrier est la meilleure solution (variantes, téléphone, et surtout, fax ou vidéo).		
	Pour une note courte, je dispose d'un formulaire agréable que j'utilise moi-même *en manuscrit*.		
	J'émets aussi peu de papiers que possible et je jette le maximum.		
	J'ai formé ma secrétaire à être une véritable assistante.		
	Pour un envoi de documentation, mon assistante utilise une carte « avec les compliments de ».		
	Je fais un plan et je dicte à mon assistante la version définitive du premier jet. Je lui laisse le soin d'arranger et simplifier les tournures.		
	J'apprends à mon assistante à écrire elle-même mes lettres à partir des idées-clés que je lui donne ; ou mieux, elle a délégation pour faire une série de courriers.		
	Le courrier qui arrive est réparti par mon assistante en quatre bacs selon mon classement A, B, C, D.		
	Je manipule chaque papier *une seule fois*. Lorsque je ne peux le traiter d'un seul coup, je m'efforce de le faire avancer d'une étape.		
	J'ai formé mon assistante à être responsable de la qualité de son orthographe.		
	Nous nous sommes mis d'accord, mon assistante et moi, sur une présentation simple (américaine), des formules concises, et une façon de présenter les idées.		
	En cas de nécessité, je suis capable de manier le traitement de texte.		
	Occasionnellement, je me contente de compléments manuscrits sur les textes frappés qu'elle me remet.		
	Chaque fois que possible, je réponds à une lettre sur celle-ci, par exemple dans la marge et avec un mot sympathique.		
	Lorsque j'écris une lettre difficile, je fais d'abord un plan, puis j'aligne les différentes idées jusqu'à ce que je trouve la formule satisfaisante.		
	Je ne raye que lorsque j'ai trouvé la bonne formule.		
	Si plusieurs collaborateurs ont des fonctions similaires, il existe un seul classement commun et je ne conserve dans mon bureau que les dossiers confidentiels.		
	Autre idée neuve :		

PLUS EFFICACE DANS MES DECISIONS

2.3 Code		1. Fait O/N	4. Obs.
	Préalablement je me pose la question : « Suis-je chargé de résoudre le problème » ? **A. Décision avec un délai de réflexion** Je rassemble les informations dont je dispose et je tâche de prendre une décision de principe, puis je laisse mûrir. Je prends rendez-vous périodiquement avec moi-même pour creuser ma décision. J'utilise le délai de réflexion pour accumuler les idées et informations que je note dans mon agenda matière. Je suis conscient que les moyens sont simplement au service des objectifs que je vise. J'utilise concurremment plusieurs méthodes de décisions : – *Le changement de niveau :* les points de vue différents – *L'analyse stratégique :* passer en revue les forces, faiblesses de soi et des autres et les opportunités de l'« environnement ». – *Le bilan :* pour des choix de moyens, une liste des avantages et inconvénients. – *La liste :* pour toute décision répétitive. – *La simulation :* si le modèle existe, faire jouer les variables pour aboutir à l'optimum. **B. Décision sans délai** J'utilise concurrement deux approches : – *L'intuition :* des différents choix possibles quel est celui que je « sens » le mieux ? – *L'écart :* des différents choix, lequel me rapproche le plus de mon but, de mes objectifs ou de mes priorités. Dans tous les cas, je suis attentif à optimiser mon « style » (décision solitaire, après consultation ou en groupe). Une fois prise ma décision de principe, je peux de nouveau me reposer la question de contrôle PEA : Suis-je chargé de (P), ai-je envie (E), ai-je les moyens (A) ? *Autre idée neuve :*		

4 – LE FONCTIONNEMENT DE LA DÉLÉGATION

C'est un formidable outil de management et de Gestion du temps.

Déléguer, c'est confier à des collaborateurs des activités (régulières ou ponctuelles) dont ils assurent la réalisation sous la responsabilité du hiérarchique.

Que peut-on déléguer ? TOUT, sauf l'essentiel de sa mission, sa raison d'être.

Une délégation réussie suppose, en préalable, une *structure* claire : définition de fonction du Délégué, assumée par celui-ci.

Exemple : une nouvelle activité sera déléguée à celui dont la définition de fonction s'en rapproche le plus, selon le principe de base : un responsable et un seul.

Par ailleurs, les conditions favorisantes sont :

1. Une bonne *CONCEPTION* de l'activité par le Déléguant (qui, que, quoi, comment, combien... ?) permettant au Délégué de se représenter :
   - les faits majeurs et le contexte de cette délégation.
   - en quoi cela peut-il être motivant pour lui en termes d'adhésion, intérêt, implication ;

   Ce sont le plus souvent les motivations négligées, par le hiérarchique, qui font achopper la délégation ;
   - le niveau réel de délégation et de « régulation » :

   TACHE : délégation au coup par coup, objectif à court terme, moyens fixés, contrôle du processus.

   FONCTION : délégation délimitée objectif moyen terme, moyens négociés, contrôle à chaque étape.

   MISSION : délégation globale, but à long terme, moyens choisi par le Délégué, contrôle du résultat final.

   En final, le collaborateur a droit de refuser une nouvelle délégation ; le hiérarchique doit donc être un bon « vendeur ».

2. Une *FORMATION* adéquate.

Le délégué a besoin d'avoir :

- une compétence technique convenable,
- une maturité suffisante pour assumer les responsabilités.

Sinon, il faut prévoir une formation sous diverses formes :

• accompagnement ou tutorat (coaching),
• stages internes ou séminaires,
• ou expérience à acquérir avec le temps.

3. Une *RÉGULATION* parfaite.

Les modalités en sont prévues dès le départ. Ceci comprend :

- le contrôle de résultats tangibles (qualité, délai, prix...)
- la manière dont l'activité est vécue :
• degré de motivation croissant ou non ;
• satisfaction du travail lui-même,
• qualité de la relation avec le hiérarchique et autres collègues concernés.

Note

La délégation comporte toujours un *investissement* de départ :

- le Déléguant est-il pleinement conscient du temps requis ?
- assume-t-il les erreurs probables de la phase d'apprentissage ?
- est-il vraiment *décidé* à déléguer ?

Délégation de fonction

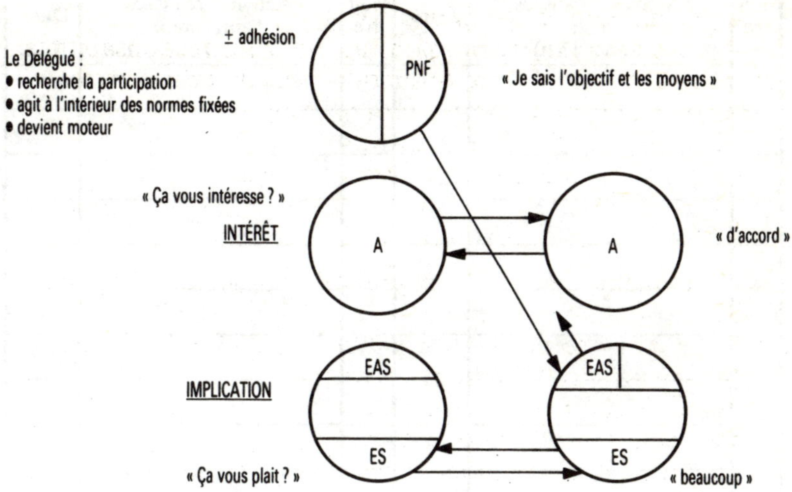

Délégation de mission

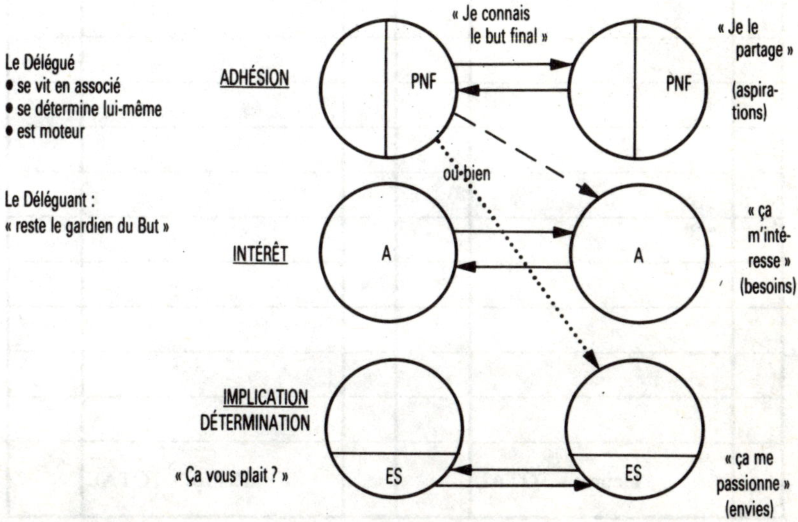

5 – RELEVÉS DE L'EMPLOI DU TEMPS

Mon-tre	Activités réalisées le matin (jusqu'à 13 h)	Durée	Mon-tre	Activités réalisées l'après-midi	Durée
	Heures - TOTAL			Heures - TOTAL	

Mode d'emploi du relevé de l'emploi du temps

Pour en tirer un profit maximum dans un minimum de temps, nous travaillerons sur votre réalité (et non sur des idées abstraites).

Pour cela, il est nécessaire que vous fassiez un relevé objectif et rigoureux de votre temps sur une semaine, en tenant compte des consignes suivantes :

1 - Décidez de ce que vous choisissez d'investiguer : soit l'ensemble de la journée, soit vos périodes de travail, de vie familiale, etc...

2 - Notez à la minute près chaque activité depuis le moment où vous considérez que votre journée a commencé (par exemple le moment où vous arrivez à votre entreprise) jusqu'à la fin de la journée (le moment où vous quittez l'entreprise)
1 feuille par journée ou plus si nécessaire.

3 - Toutes les activités doivent être notées y compris le repas, la pause, l'arrêt toilettes, la causette, ... et précisez. Exemple : pas Tél. 2 minutes, mais Rec. T°, Machin 2'. Adoptez un code abrégé qui vous permettra de noter rapidement.

4 - L'unité de compte est la minute. Donc notez 126' (et non 2h06)

5 - Vérifiez à la fin de chaque demi-journée que le total des minutes correspond effectivement au temps écoulé.

6 - Efforcez-vous de faire des regroupements de vos activités sur une feuille à part et réfléchissez-y.

Activités type d'un manager

	Contenu dominant	M.S.	Temps %
Travail personnel (seul) Planification/organisation… Lecture courrier/rapports… Rédaction/dicter **Téléphone** Emis Reçu **Réunions** Internes au service Externes au service **Déplacements** **R.V. et entretiens à 2 ou 3** Internes Externes **Repas** D'affaires Quotidiens : pauses **Autres**			
TOTAL			
SUR L'ENSEMBLE DE CES ACTIVITÉS : **MISSION ESSENTIELLE** (préciser) --- **M = Maitrisé** **S = Subi**			

Bibliographie

La gestion du temps classique

HERGÉ, *Le testament de M. Pump,* Casterman, 1952.
LAKEIN A., *How to get control of your time and life (comment obtenir le contrôle de votre temps et de votre vie),* Signet Book, New York, 1973.
MCKENZIE A., *La chasse au temps perdu,* EME, 1974.
NICOLAS P., *Le temps c'est de l'argent... et du plaisir,* Interéditions, 1981.
STERN E., *Être plus efficace,* Les Éditions d'Organisation, 1981.
SERVAN-SCHREIBER J.L., *L'art du temps,* Fayard, 1984.
OLLIVIER D., *La bataille de l'efficacité personnelle,* Les Éditions d'Organisation, 1990.

Le management

KEPNER Ch. et TREGOE B., *Le manager rationnel,* Les Éditions d'Organisation, 1972.
TURGEON B., *La pratique du management,* Mc Graw Hill, Montréal, 1985.
PERETTI J.M., *Ressources Humaines,* Vuibert-Gestion, 1990.
FISCHER R. et URY W., *Comment réussir une négociation,* Le seuil, 1982.
BLANCHARD K., *Le manager minute au travail,* Les Éditions d'Organisation, 1987.
HERSEY P., *Le leader situationnel,* Les Éditions d'Organisation, 1989.

CROZIER M., *L'entreprise à l'écoute,* Interéditions, 1989.
MACCOBY M., *Travailler pourquoi ?* Interéditions, 1990.
JACOUD R. et METSCH M., *Diriger autrement,* Les Éditions d'Organisation, 1991.

Vers un nouvel art

COUCHAERE M.J., *Comment manager son temps et son énergie ?* E.M.E., 1990.
FERGUSON M., *Les enfants du Verseau,* Calman-Levy, 1981.
SCHULTZ J.H., *Le training autogène,* P.U.F., 1987.
FRANKL V., *Découvrir un sens à sa vie,* Éditions de l'Homme, Montréal, 1988.
HANSON Dr Peter G., *Les plaisirs du stress,* Éditions de l'Homme Montréal.
RACLE G., *Découvrez vos rythmes biologiques,* Retz Poche 1990.
DAMIAN-KNIGHT G., *Le YI King des managers,* Librairie de Médicis, 1990.
HUNT D. et HAIT P., *Le Tao du temps,* interéditions, 1990.
BRAHAM B., *Comment organiser votre travail pour éviter le stress,* First, 1990.

Développement personnel et transpersonnel

HARRIS Thomas A., *D'accord avec soi et les autres,* EPI, 1973.
CARDON A., LENHARDT V., NICOLAS P., *L'Analyse transactionnelle,* Les Éditions d'Organisation, 1983.
KRISNAMURTI J. et BOHM D., *Le temps aboli : dialogues,* Éditions du Rocher - Monaco, 1987.
DESJARDINS A., *A la recherche du soi,* La Table Ronde, 1977.
CAYCEDO A., *L'Aventure de la sophrologie,* Éditions Retz.
NHAT HANH T., *Le miracle est de marcher sur terre,* Éditions du Centurion, 1991.

MEICHELBECK E., *La structure de conscience différentielle,* Éditions Sophon, pour l'IRC.

MEICHELBECK E., *L'aspiration à la liberté,* Éditions Sophon, pour l'IRC.

MEICHELBECK E., *L'art du possible,* Éditions Sophon, pour l'IRC.

DÜRCKHEIM K. G., *Hara : centre vital de l'homme,* Le Courrier du Livre, 1982.

DÜRCKHEIM K. G., *Pratique de la voie intérieure, le quotidien comme exercice,* 1983.

ROBBINS A., *Pouvoir Illimité,* Réponses/Robert Laffont, 1989.

DESJARDINS A. et FARGET G., *Confidences impersonnelles,* Éditions du Centurion, 1991.

Remerciements

A *Héloïse* (trois ans), *Charlotte* (cinq ans), dont je suis le père, et qui ont agréablement varié mes pauses et merveilleusement animé mon bureau pendant ce mois d'août 1991 ;

A *Marie-Lorraine* (dix ans), *Manuel* (treize ans), *Frédérique* (vingt ans), *Jérôme* (vingt-deux ans), dont je suis également le père, et qui ont contribué à me faire exercer mon *efficience* depuis plus longtemps que les premières ;

A *Marie-Christine*, dont je suis l'époux, qui m'a gentiment critiqué et m'a aidé à réajuster certains principes avec la réalité.

A mes clients, participants de séminaires et collègues-équipiers qui ont chaque fois enrichi ces travaux et m'ont incité à me dépasser.

A *Renaud*, ami et équipier, et à *Hélène* qui ont retravaillé ce livre et ont su retrancher ou ajouter à la première épreuve ce qui devait donner la note juste.

A *Michèle* qui a admirablement retranscrit et mis en page ce livre, malgré mon écriture réputée illisible.

A Élisabeth MEICHELBECK à qui je dois une mention spéciale en raison de tout ce qu'elle a pu m'apporter directement et grâce à l'Analyse Ternaire.

A la VIE qui...
Ceci est une plus longue histoire.

Composé par Publi Fil - Rouen
Achevé d'imprimer dans les ateliers
de Normandie Roto S.A.
à Lonrai (Orne)
N° d'éditeur : 1248
N° d'imprimeur : R1-1364
Dépôt légal : février 1992

Imprimé en France